Professor Egon Eiermann (1904–1970) ist der besondere Lehrer Herbert Schmitts.
In der Architekturmoderne ging er seinen eigenen Weg. Die Qualität seiner frühen Wohn- und Industriebauten führte 1947 zur Berufung an den Lehrstuhl für Architektur an die Technische Hochschule Karlsruhe.
Ein klarer, funktionaler Stil mit schlichten Lösungen bestimmen seine Architektur. Durch den Bau der Taschentuchweberei in Blumberg (1949-51) und die Pavillongruppe auf der Weltausstellung in Brüssel (1956-58) mit Sepp Ruf erlangte er internationale Beachtung. Für seine Arbeiten wurde er u. a. geehrt mit dem Berliner Kunstpreis für Architektur (1962), der Ehrendoktorwürde der Technischen Universität Berlin (1965), dem Großen Preis des Bunds Deutscher Architekten (1968) und wurde 1970 Mitglied des Ordens Pour le Merite für Wissenschaft und Kunst in der BRD.
Egon Eiermann war einer der großen deutschen Architekten des 20. Jahrhunderts. Bei ihm zu studieren und zu arbeiten war für Herbert Schmitt ein großes Glück, denn Eiermanns Lehre und sein Vorbild prägten sein Architektenleben.

Wichtige Bausteine im Lebenswerk des Architekten **Herbert Schmitt**:
1960 Gründung des Architekturbüros Herbert Schmitt und Georg Kasimir
1982 Durch Aufnahme von Partnern entsteht Schmitt, Kasimir und Partner (SKP)
Der erste Preis für den Entwurf des Gymnasiums Philippsburg führte zum Bau der ersten Schule mit demontablen Wänden in Deutschland. Durch erste Preise im Städtebau und im Bauwettbewerb für den Neubau der Badischen Landesbausparkasse wurde Einfluss auf die städtebauliche Entwicklung des Beiertheimer Feldes genommen (Mittel-Hochbau statt Hochhäuser).
Herbert Schmitt engagierte sich als Vorsitzender der Kammergruppe Karlsruhe erfolgreich für das Modell München, das Grundlage für die Bebauung der ehemaligen Karlsruher Altstadt wurde.
Die Bauten Europahalle und Fächerbad wurden zu Säulen des Karlsruher Sports.
Das SKP-Gutachten führte zum Erhalt des Hallenbaus A der Industriewerke Karlsruhe-Augsburg (IWKA) und zur Umnutzung durch Zentrum für Kunst und Medientechnologie (ZKM), Hochschule für Gestaltung, Städtische Galerie und Museum für Neue Kunst.
Die Wettbewerbseinladung des Landes Baden-Württemberg führte zum ersten Preis für den Entwurf der Justizvollzugsanstalt Heimsheim, der im In- und Ausland Beachtung fand.
Durch Beteiligung an öffentlichen Architekturwettbewerben erhielt SKP 50 Preise und Ankäufe; der Bund Deutscher Architekten (BDA) verlieh neunmal die Hugo-Häring-Plakette für gute Bauten.

HERBERT SCHMITT

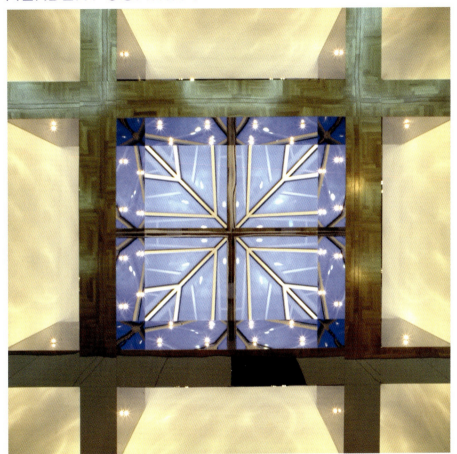

EIERMANNS SCHATTEN
AUS MEINEM ARCHITEKTENLEBEN

Bildnachweis

S. 19, 26: Eberhard Troeger, Hamburg
S. 21, 24, 38: Karl Albiker, Karlsruhe
S. 34, 52, 63, 69, 70, 80–82, 85, 87, 89, 90, 94, 96–97, 101, 107, 119: Horstheinz Neuendorff, Baden-Baden
S. 54, 75, 83: Thilo Mechau, Karlsruhe
S. 50, 58, 60, 62, 66–67, 71, 87, 90, 114, 116: Dirk Altenkirch, Karlsruhe
S. 98: H. G. »Camissa« Böhler, Karlsruhe
alle anderen Bilder: Schmitt, Kasimir und Partner

Impressum

Die deutsche Nationalbibliothek verzeichnet diese Publikation in der Deutschen Nationalbibliografie; detaillierte bibliografische Daten sind im Internet unter www.dnb.de abrufbar.

© 1. Auflage 2016 Der Kleine Buch Verlag, Karlsruhe
Projektmanagement & Lektorat: Anja Winckler
Korrektorat, Umschlaggestaltung, Satz & Layout: Beatrice Hildebrand
Druck: Multiprint GmbH, Bulgarien

Das Werk einschließlich aller seiner Teile ist urheberrechtlich geschützt. Jede Verwertung außerhalb der engen Grenzen des Urheberrechtsgesetzes (auch Fotokopien, Mikroverfilmung und Übersetzung) ist ohne Zustimmung des Verlages unzulässig und strafbar. Dies gilt auch ausdrücklich für die Einspeicherung und Verarbeitung in elektronischen Systemen jeder Art und von jedem Betreiber.

ISBN: 978-3-7650-8907-7

www.derkleinebuchverlag.de
www.facebook.com/DerKleineBuchVerlag

Inhaltsverzeichnis

7	Vorwort
8	Mit 18 Jahren wusste ich, dass ich Architekt werden will
11	Die TH Karlsruhe wird meine Alma Mater und Professor Egon Eiermann mein besonderer Lehrer
30	Höhepunkt der Zusammenarbeit mit dem Meister – der Versandhaus-Neubau Neckermann in Frankfurt
38	Erste eigene Arbeiten
40	Gründung des Architekturbüros Schmitt und Kasimir
44	Die Kaufhäuser
51	Bauaufgaben verschiedenster Art
72	Die Verbindung zum Meister bleibt bis zu seinem Tod bestehen
75	Wettbewerbserfolge
80	Das Beiertheimer Feld in Karlsruhe
92	Sportbauten
99	Menschen hinter Gittern
104	Eine Studie zum Erhalt von Hallenbau A der IWKA
106	Die Wohnhäuser
112	Ein Zweigbüro in Potsdam und neue Bauaufgaben in Karlsruhe
119	Meine Tätigkeit als Designer
121	Ehrenämter
127	Weiterbildung durch Sachverständigentätigkeit
128	Lehrauftrag an der Hochschule für Technik Karlsruhe
129	Nachwort
131	Dank an Partner und Mitarbeiter
132	Vita Herbert Schmitt

Vorwort

»Sie sind keine guten Architekten, wenn Sie nach dem Weekend gut erholt an den Arbeitstisch zurückkehren und unbedingt etwas Neues erfinden wollen. Sie sind gute Architekten, wenn Sie an etwas Gutem zäh und ausdauernd arbeiten, um es noch ein bisschen besser zu machen.«
(Mies van der Rohe am Anfang seines Vortrags im Saal 16 der Technischen Hochschule Karlsruhe 1957)

»Ihr müsst an allen Dingen so lange arbeiten, bis nichts mehr wegzulassen ist, dann kann es gut werden.«

(Oft gehört von Egon Eiermann)

Ein Jahrzehnt – von 1950 bis 1960 – an der TH Karlsruhe und bei Professor Egon Eiermann, einem der bedeutendsten Architekten der Nachkriegszeit, zu arbeiten, prägte mein Architektenleben in besonderem Maße.

Mit 18 Jahren wusste ich, dass ich Architekt werden will

Schon als Kind bin ich immer mit Bauen beschäftigt gewesen. Einmal war es der Bau einer Höhle zusammen mit Freunden und ein anderes Mal ein Häuschen im Garten. Die Baumeister an Großvaters Seite hatten meine besondere Aufmerksamkeit, denn auch ich wollte Baumeister werden. Als 18-Jähriger wurde ich in der Kriegsschule der Luftwaffe zum Fahnenjunker ernannt und bei der Frage nach meinem Berufswunsch antwortete ich erstmals voller Überzeugung mit »Architekt«.
Im Sommer 1945, nach meiner Rückkehr aus amerikanischer Kriegsgefangenschaft, musste ich sofort eine Arbeit annehmen, um in den Besitz von Lebensmittelmarken zu kommen. Ich meldete mich im Arbeitsamt Frankfurt Süd. Dort stand plötzlich ein Herr neben mir, der mich nach meinen Wünschen fragte. Es war der Bauunternehmer Vinzenz Müller, der von der Besatzungsmacht bevorzugt behandelt wurde, denn er hatte seine jüdische Frau und Tochter im Taunus versteckt und so durch die NS-Zeit gebracht. Ich wurde als Baupraktikant in seinem Bauunternehmen mit einem Stundenlohn von 0,75 Mark eingestellt. Herr Müller gab mich in die Hände eines alten, erfahrenen Poliers, der schnell Gefallen an mir fand und mir daher so manches Geheimnis des Maurer- und Verputzerhandwerks verriet. Schon bald war ich der »Maurer« und meine Hilfsarbeiter waren ehemalige Parteimitglieder der NSDAP. Wir arbeiteten gut miteinander, denn alle waren froh, den schrecklichen Krieg überlebt zu haben. Sogar der Humor kam langsam zurück und wenn ich 15 Minuten vor Arbeitsende noch nach »Speis« (Mörtel) rief, dann antwortete ein ehemaliger Direktor mit den Worten: »Herr Maurer, die Speise ist für heute alle und erst morgen gibt es neue.«
Die Herren hatten rechtzeitig mit dem Reinigen der Werkzeuge und dem Säubern der Baustelle begonnen und alle stellten sich im Kreis auf zum Absingen des »Bauhelferliedes«.
Der volle Chor: »Ein Bauhelfer stand auf hoher Alm und schaut hinab ins tiefe Tal.«
Nun der Solist: »Was sangen sie?«
Der volle Chor: »Am Arsch leckst mi.«
So war das Lachen am Bau auferstanden unter Bedingungen, die sich später niemand mehr vorstellen konnte.
Neben dem Wenigen, was es auf Lebensmittelkarten gab, kämpften wir täglich ums Überleben. Nach Feierabend führte ich gelegentlich mit einem jungen, gelernten Maurer private Arbeiten aus. Einmal war ein Giebel eines Wohnhäuschens wieder aufzubauen, den eine Luftmine herausgerissen hatte. Nach vollendeter Arbeit bekam jeder von uns ein Eimerchen Bienenhonig als fürstlichen Lohn.

Regelmäßig nach der schweren Tagesarbeit nahm ich abends bei einem arbeitslosen Professor Unterricht in Mathematik und Physik, um mein Schulwissen zu erweitern. Einer Zeitungsanzeige zufolge sollte das Polytechnikum in Friedberg im Mai 1946 wieder eröffnet werden. Sofort war ich einer der 1400 Bewerber (unter ihnen viele ehemalige Offiziere) für einen der 300 Studienplätze. Als einer der Jüngsten bestand ich die Ausleseprüfung und konnte ein fünfsemestriges Hochbaustudium beginnen. Um täglich rechtzeitig bei der Vorlesung in Friedberg zu sein, musste ich diszipliniert um 5:30 Uhr aufstehen und nach kurzem Frühstück sowie einem Fußmarsch den Frühzug am Frankfurter Hauptbahnhof erreichen. Der Zug war meist überfüllt und stank nach selbstgebautem Tabak, aber er kam pünktlich in Friedberg an, wo um 8 Uhr c.t. die Vorlesungen begannen. Um 17 Uhr war ich zurück in Frankfurt und arbeitete täglich bis Mitternacht an Studienarbeiten. Die Studenten waren sehr fleißig, wissbegierig und arbeiteten meist wesentlich mehr, als es der Lehrplan vorsah. Einer unserer Dozenten war ein ehemaliger Professor der Technischen Hochschule Prag, der unsere Studienarbeiten stets mit denen der TH verglich und als besondere Auszeichnung anmerkte, wenn eine Arbeit auch in Prag als eine gute Leistung beurteilt worden wäre. Mein Studienfreund Kurt T., ehemals Oberstleutnant und Geschichtslehrer an einer Kriegsschule des Heeres, traute sich ein Urteil über unseren Leistungsstand zu, der den Verhältnissen entsprechend sehr gut war. Wenige Tage nach der Währungsreform hatten wir das Studium beendet. Kaum einer von uns hatte Geld und es reichte gerade für eine Dampferfahrt von Frankfurt nach Rüdesheim. Als besonderen Luxus genehmigten wir uns ein Würstchen und ein Glas Wein.
1948 war das Bauen noch kaum in Gang gekommen. Mit Empfehlungsschreiben von Freunden meines Vaters stellte ich mich bei der Postbauleitung in Wiesbaden und bei der Bauleitung der Paulskirche in Frankfurt am Main vor. Einen Anfänger wollte jedoch kaum jemand einstellen und ich hatte Glück, dass ein Freund mich seinem Vater, dem Bauunternehmer Robert Kögel, vorstellte. So erhielt ich meine erste Anstellung als Mitarbeiter im technischen Büro der Baufirma. Hier arbeitete ich als einziger junger Architekt unter Bauingenieuren. Herr Kögel, ein kunstinteressierter und hochbegabter Bauingenieur, machte mich bald zu seinem Hausarchitekten. Meine Tätigkeit war sehr vielseitig. Einerseits fertigte ich Zeichnungen für die Doktorarbeit meines Chefs an und andererseits gab es immer wieder kleine Baumaßnahmen an seinem Hofgut Schloss Philippseich.
Nachdem ich genügend praktische Kenntnisse erworben hatte, durfte ich ein mehrgeschossiges Wohnhaus im Frankfurter Universitätsgebiet planen, ausschreiben und bauen. Zu dieser Aufgabe gehörte auch die Detailplanung des Ausbaus für die Wohnung der Sekretärin des Chefs. Im Laufe der Rohbauarbeiten stand ich im Gespräch mit dem Polier im Innenhof. Plötzlich spürte ich einen sehr

festen Schlag auf meine rechte Schulter und hörte einen Ziegelstein zu Boden fallen. Im Gesicht des Poliers sah ich, dass etwas Fürchterliches passiert sein musste. Kaum war die Schrecksekunde vorüber, begann er laut zu schreien. Was war geschehen? Ein Vollziegelstein war vom dritten Obergeschoss heruntergefallen und hatte nur um wenige Zentimeter meinen Kopf verfehlt, ohne mich tödlich zu treffen. Unglücklicherweise trug man damals noch keine Helme, doch glücklicherweise war es Mode, dass man die Schultern der Mäntel stark wattierte und so war nicht einmal meiner Schulter etwas Ernsthaftes passiert.

Nachdem ich die Baustelle zu einem guten Ende geführt hatte, bekam ich den Auftrag, ein Betriebsgebäude für einen Natursteine verarbeitenden Betrieb zu planen und auszuführen. Beim Richtfest kam es zu einem unvergesslichen Spaß. Ein alter Maurer zeigte, wie man mit einem Nagel ein Loch in den Boden einer Bierflasche einschlagen kann. Die Flasche behielt in geschlossenem Zustand den flüssigen Inhalt. Nun suchte man einen weniger klugen Probanden, um ein Experiment durchzuführen. Falls er die Flasche, die in die linke hintere Hosentasche gesteckt wurde, mit der rechten Hand öffnen könnte, sollte er als Preis zwei Flaschen Bier erhalten. Er versprach strahlend, die Aufgabe meistern zu können und stieg sogar für die Vorführung auf den Tisch. Sofort öffnete er die Flasche und präsentierte sich als großen Gewinner. Erst etwas später merke er, dass der Flascheninhalt bereits aus seiner Hose lief.

Im technischen Büro verlangte man mich jeweils, wenn ein Angebot für eine Brücke fertigzustellen war und ich mit der Anfertigung von Ansichtszeichnungen meinen Teil beitragen konnte.

In der Nähe der Frankfurter Hauptwache plante und baute ich mit großem Erfolg einen Behelfsladen für die Firma Liesel Steinmetz, was zur Aufbesserung meines Monatsgehalts von 240 auf 290 DM führte. Ende 1949 veranstaltete die Firma einen Wettbewerb unter den rund 1400 Mitarbeitern für die Findung eines Firmenzeichens. Diesen Wettbewerb mit der Preissumme von 100 DM gewann ich, woraufhin mein Firmenzeichen sofort für Briefköpfe, Bauschilder und Geräte verwendet wurde.

In einem sehr persönlichen Gespräch eröffnete mir mein Chef, Dr.-Ing. Robert Kögel, dass es nun für mich an der Zeit sei, ein richtiges Architekturstudium zu beginnen. Er habe mit Professor Egon Eiermann, Ordinarius für Baugestaltung an der TH Karlsruhe, bereits darüber gesprochen, ich könnte in Karlsruhe studieren und zugleich bei Professor Eiermann arbeiten. Dr. Kögel, der für Eiermann die Gebäude des Pharmaunternehmens Ciba in Wehr baute, schwärmte von dem jungen Professor mitsamt der von ihm entworfenen modernen Möbeln.

Die TH Karlsruhe wird meine Alma Mater und Professor Egon Eiermann mein besonderer Lehrer

Mit einem Empfehlungsschreiben und hohen Erwartungen fuhr ich Ende 1949 zum Antrittsbesuch nach Karlsruhe. Auch Karlsruhe zeigte schwere Kriegsschäden, insbesondere entlang der Kaiserstraße. Was mir auf dem Weg vom Bahnhof zur TH auffiel, waren eine Reihe großer Plätze. Das Architekturgebäude war notdürftig wiederhergestellt.
Professor Eiermann, für damalige Verhältnisse ein mit 46 Jahren sehr junger Professor, empfing mich mit den Worten: »Wir haben heute richtig geheizt, ziehen Sie Ihren Mantel aus und werfen ihn dort auf den Tisch.« Mein Mantel war der abgeänderte, dunkelblau gefärbte Luftwaffenmantel, den ich aus dem Krieg mit nach Hause gebracht hatte. Der Professor kam mir entgegen, bot mir einen Platz an und schaute mir eine Weile in die Augen. Ich übergab den Brief von Dr. Kögel. Er dankte mit den Worten, dass er schon wüsste, was darin stehe.
Nun sollte ich ihm erzählen, was ich bisher gemacht hatte. Eiermann hörte mir geduldig zu und beendete das Gespräch mit dem Hinweis: »Im Nebenraum ist gerade ein Platz frei geworden, das heißt, ein junger Diplom-Ingenieur wandert nach Australien aus. Hier können Sie Platz nehmen und erst einmal ein bisschen herumschauen, was wir gerade im Büro und an der Hochschule machen.« Im Büro gab es zwei Projekte: Ciba/Wehr (erster Bauabschnitt) und den Neubau der Taschentuchweberei in Blumberg. Die Bearbeitung des zweiten Bauabschnittes der Ciba sollte ich übernehmen, da der Bearbeiter, der spätere Professor Wolfgang Bley, nun an seiner Diplomarbeit arbeiten müsse.
Ein schneller Lernprozess versetzte mich in die Lage, auf sehr hohem Niveau in die vor mir stehende Arbeit hineinzuwachsen. Professor Eiermann, der in seinem direkten Umfeld auch Meister genannt wurde, kümmerte sich täglich um mich, bis ich in seinem Sinne arbeiten konnte. Meine Arbeit an der Ciba 2 war erleichtert, weil es bereits Ciba 1 gab und ich viele Details übernehmen konnte.
Mein Freund Herbert Kögel hatte gerade seine Diplomarbeit als Bauingenieur abgegeben und ging zurück nach Frankfurt. Ich konnte seine »Bude« im Dachgeschoss des Hauses von Maler und Grafiker Bogislav Groos übernehmen, womit ein großes Problem angesichts der enormen Wohnungsnot geregelt war. Ich zog sofort ein und bin seitdem für immer in Karlsruhe geblieben.
Die Sensation an der TH waren die wöchentlichen Vorträge des Professors, die sogar Studenten anderer Hochschulen anzogen. Es hatte sich herumgesprochen, dass da einer lehrt, der mit seiner Person voll hinter dem steht, was er als richtig bezeichnet. Es ist nicht meine Absicht, nun über das Besondere

seiner Vorlesungen oder über das Werk des Architekten Egon Eiermann zu berichten, denn inzwischen gibt es hierüber genügend Literatur. Darum werde ich mich im Folgenden nur auf persönliche Erinnerungen beschränken.

Die Arbeiten am Lehrstuhl und im Büro Eiermann und Hilgers waren oft miteinander verwoben, denn die Lehre bestand im Wesentlichen in der Thematisierung der Probleme, die die Arbeit an den laufenden Projekten mit sich brachte. Bei der Bearbeitung der Studienentwürfe ließ er großen Freiraum zu persönlicher Entfaltung. Es sollten keine »kleinen Eiermänner« herangezogen werden, sondern selbstständig denkende Architekten.

Die Arbeit mit Egon Eiermann begann morgens zwischen 9 und 10 Uhr und endete oft am späten Abend. Wenn er den Raum betrat, egal ob in der Hochschule oder im Büro, füllte er ihn mit seiner Persönlichkeit aus und jeder wusste: Da steht einer, der sagt, was gemacht wird. Insbesondere am Abend, wenn die Arbeit an der Hochschule beendet und alle weiteren Verpflichtungen erledigt waren, kam der Meister ins Büro und hatte stets noch Zeit für lange Diskussionen in dem ernsthaften Bemühen, sich bis ins kleinste Detail mit seinen Bauten auseinanderzusetzen. Seine Devise: »Selbst Dinge, die man später nicht sieht, müssen stimmen.« So etwa zeichnete Georg Kasimir zwei Wochen an Türelementen für eine Trafostation, die bis zur letzten Schraube detailliert waren. Wenige Wochen später sah ich zufällig auf der Baustelle in Krefeld die sorgfältig hergestellten Bauteile am Haken des Turmdrehkranes in einem Lichtschacht verschwinden.

Wir standen immer mit einem Fuß auf Neuland, wie zum Beispiel beim Aufbau von Flachdächern oder der Verkleidung von Fassadenflächen mit 10/10 cm großen Platten aus Steinzeug. Wir lernten, dass innen und außen stets im Zusammenhang stehen und die Einrichtung ein Stück des Ganzen ist.

Nach einer USA-Reise in den frühen Fünfzigerjahren erzählte Eiermann begeistert, dass die Amerikaner Samstag und Sonntag »Weekend machen«, also nur 5 Tage in der Woche arbeiten. Robert Hilgers konnte sich das entgegen Eiermanns Meinung auch bei uns vorstellen. Schließlich rechnete Hilgers vor, dass bei einem Arbeitsbeginn um 7:30 Uhr und 1 h Mittagspause die Arbeit in einer Fünf-Tage-Woche um 18 Uhr endet. Mit einigem Widerstreben erklärte sich Eiermann einverstanden – mit dem Zusatz, dass wir dann bis spät in die Nacht arbeiten würden. So kam es bei Eiermann und Hilgers bereits 1952 zur Einführung der Fünftagewoche, die Eiermann allerdings nie eingehalten hat. Das belegt mein Bürobesuch an einem Samstagvormittag gegen 11 Uhr. Gisela Iwand, die treue, unentbehrliche Chefsekretärin für Büro und Lehrstuhl, öffnete die Tür. Aus dem Bad kam die Stimme des Meisters: »Wer ist das?«

»Es ist Herr Schmitt.«

TH KARLSRUHE UND PROFESSOR EGON EIERMANN

»Er soll ruhig zu mir kommen.« Eiermann saß in der Badewanne.
An einem 24. Dezember vormittags stellte mir der Meister einen alten Klappstuhl mit sehr einfachem Mechanismus mit der Bemerkung auf den Tisch: »Du musst heute nichts Neues anfangen, mach doch von diesem Stuhl eine Bauaufnahme im Maßstab 1:1.« Das bedeutete, Grundriss, Ansicht und Querschnitte millimetergenau zu messen und zu zeichnen. Am späten Nachmittag war die Zeichnung fertig, die ich dem Meister auf den Tisch legte, um dann nach Hause zu gehen und den Weihnachtsbaum zu schmücken.
Anfang der Fünfzigerjahre benutzte ich die Straßenbahn, die in der Nähe von Eiermanns Büro durch die Moltkestraße fuhr. In der Straßenbahn sitzend, sah ich Eiermann mit einem Karton unter dem Arm in Richtung Finanzamt laufen. Es war mir nicht entgangen, dass Gisela Iwand, fleißig, wie sie war, versucht hatte, dem Büro Steuern zu ersparen. Eiermann war das eher lästig, er hatte alle Belege in diesen Karton gepackt und war damit zum Finanzamt gegangen, um dem Sachbearbeiter alles auf den Tisch zu stellen. Sicher hat er gesagt, dass das Finanzamt nun gerade machen könne, was es für geboten hielt. Jedoch waren damit alle Trümpfe aus der Hand gegeben, zumal Gisela sicher andere Wege versucht hätte.

Termine wurden nach Erfordernis der Baustellen und nicht unter Beachtung von Feiertagen vereinbart. Am Ostermontag 1952 gegen 14 Uhr holte mich Herr Ingenieur Horn von der Firma Stahl Schanz Frankfurt zur Fahrt nach Wehr ab, denn am nächsten Morgen um 8 Uhr sollte die Baubesprechung sein. In Karlsruhe blühten die Forsythien und die Magnolien, obwohl es am Tag zuvor zu einem Schneeeinbruch gekommen war. Bei sonnigem Wetter ging nach Süden. Die Autobahn von Karlsruhe nach Süden war noch nicht ausgebaut.
Gegen Abend fuhren wir, von Schopfheim kommend, auf schmaler Straße in einen Wald. Hier war der Schnee des Vortages noch nicht geschmolzen und wir rutschten mit dem VW gegen einen Kilometerstein, sodass sich das Auto um 180° drehte und sich nach links sechsmal überschlagend einen mit Büschen bewachsenen Hang hinunterfiel. Das ging alles sehr schnell und ich suchte Schutz zwischen Sitz und Bodenraum, um den Kopf vor dem zersplitterten Glas zu schützen. Das Auto wurde durch hohe Tannen gestoppt, an denen es schräg liegend zum Stehen kam. Die Beleuchtung funktionierte und der Motor lief. Mein erster Gedanke war, sofort den Motor abzuschalten. Herr Horn, der sich immer noch am Steuer festhielt, war leicht benommen, folgte aber meiner Aufforderung.
Die Glasscheiben auf beiden Seiten des VW-Käfers waren zerstört. Ich lief um das Autowrack herum, um Horn herauszuhelfen. Er hatte eine Gehirnerschütterung und war immer noch leicht benebelt.

Während meines Versuchs, den korpulenten Mann zu befreien, fragte ein oben auf der Straße haltender Autofahrer mit leiser Stimme: »Ist dort jemand?« (Es war nicht gleich anzunehmen, dass es hier Überlebende gab.) Ja, da waren zwei Menschen, die großes Glück im Unglück gehabt hatten. Der Fragende war ein Prokurist von der Ciba, wohin wir unterwegs waren. Er kletterte zu uns herunter und half mir, Horn aus dem Wrack zu befreien. Wir fuhren mit dem freundlichen Helfer nach Wehr, wo er uns am Wirtshaus der dicken Frau Meier absetzte. Wir betraten den Schankraum wo bereits der Professor und Bauleiter Zeiss beim Wein saßen. Horn und ich müssen schrecklich ausgesehen haben, denn der Meister sprang auf und noch bevor ich meinen Bericht beendet hatte, bestellte er zwei doppelte Schnäpse. Es zeigte sich, dass Schnaps tatsächlich gelegentlich Medizin ersetzen kann. Er tat seine Wirkung insbesondere bei mir, während Horn mit starken Kopfschmerzen gleich auf sein Zimmer ging. Mir schmeckte schon bald ein Rumpsteak mit Bratkartoffeln. Die jungen Mitarbeiter des Meisters nannte Frau Meier die »kleinen Eiermänner«, die sie ganz besonders bemutterte und mit extra großen Portionen bedachte. An der Seite des Meisters führte ich am nächsten Morgen das Baugespräch.

Neuen Schwung im Büro und am Lehrstuhl gab es jedes Mal, wenn Eiermann aus den USA zurückkehrte. Schon früh in den Fünfzigerjahren brachte er die ersten Sweets-Kataloge mit. Sie zeigten alle erdenklichen Teile, die für Bau, Einrichtung, Freianlagen und Ähnliches benötigt wurden. Hier war alles aufgeführt, was die Industrie in den USA zu bieten hatte. Wir erfuhren von einem enormen Reichtum, den wir uns hier nicht vorstellen konnten. Im Nachkriegsdeutschland waren das Wunschvorstellungen und da das Angebot bei uns gering und für moderne Bauten kaum verwendbar war, machten wir »Erfindungen« und ließen vieles in Handarbeit anfertigen. Eiermanns Tische und Stühle wurden bei Wilde und Spieth gefertigt, die Korbsessel und Matten bei einem Korbflechter und die Leuchten bei Neudeck in Bruchsal.

Eiermann stellte bei der Beurteilung eines Bauwerks in einer Vorlesung einen besonderen Fassadenschutz in Form eines auf Stützen stehenden Kragdachs mit großem Dachüberstand vor. Dieses schöne Detail haben sich einige Schüler zu Eigen gemacht und in ihre Pläne aufgenommen. Ich habe diesen Dachabschluss bei der Gewerbeschule in Rastatt, am Technischen

Egon Eiermann mit Herbert Schmitt auf der Fahrt nach Wehr
1951

Rathaus in Pforzheim und bei der Gewerbeschule in Karlsruhe am Ettlinger Tor gesehen. Der Entwurf für die Schule, die dem Ettlinger Tor Einkaufszentrum weichen musste, stammte von den Architekten Möckel und Schmidt und zeigte – wie bei den Eiermann-Bauten in Krefeld – den Übergang vom sichtbaren Skelett zur Lochfassade. Schade, dass dieses Zeitzeichen nicht erhalten geblieben ist.
Das Studentenleben pulsierte in den Resten der Karlsruher Altstadt, ganz in der Nähe der TH. Zu Kino- Vorstellungen liefen wir schräg über die Kaiserstraße ins Atlantik Kino. Bei Kussszenen gab es oft einen Zuruf wie zum Beispiel, dass es jetzt reiche, und das Kinopublikum lachte dazu. Zum Diskutieren traf man sich bei den Nickels in der Altstadt. Das waren aus Film und Funk bekannte Musikanten, die hier ein Lokal betrieben. Die Studenten quollen aus dem Lokal bis auf die Straße und jedem Neuzugang wurde über viele Köpfe hinweg ein Krug mit Bier gereicht. Die zukünftigen Architekten, alles große Individualisten, konnte man schon von Weitem an dem kurzen Haarschnitt erkennen. In Eiermanns Kreis trug man Krawatten von Lux et Schoechlin, die ihren Webstuhl am Baseler Spalenberg betrieben. Jede Krawatte war ein Unikat, etwa in einfarbig grau oder grau mit schmalem schwarzem Streifen oder grau mit zwei schwarzen Streifen, was in allen Farben fortgeführt werden konnte. Jede Krawatte war ein Wertgegenstand, der trotz der schmalen studentischen Börse immer mit 18 Schweizer Franken pro Stück bezahlt wurde. Auch ich trug diese Krawatten, zögerte aber lange, meine Haare kurz schneiden zu lassen. Meinen Kurzhaarschnitt bemerkte der Meister sofort und bat mich in sein Zimmer. Er betrachtete mich von allen Seiten, um festzustellen, dass mein Kopf nun zu schmal wirkte, denn das Haar müsse noch kürzer geschnitten werden. Es dauerte nur ein paar Tage, dann hatte auch der Meister eine neue Frisur und zwar einen 2 mm-Schnitt. Leider verführte ich ihn auch dazu, Reval zu rauchen, zumal das Rauchen für seine Gesundheit besonders schädlich war.
Eines Tages eröffnete mir Eiermann, er wolle das Rauchen einstellen, bat mich aber um ca. 10 Uhr um eine Zigarette. Das wiederholte sich auch an den nächsten Tagen, bis Dieter Baumann bei mir nachfragte, ob der Meister auch bei mir welche schnorren würde. Bei Baumann tat er dies um 11 Uhr. Wir forschten weiter und erfuhren, dass er um 12 Uhr bei Kauert eine Zigarette erbat. Nach Abschluss der Woche legte Eiermann jedem von uns ein Päckchen auf den Tisch mit der Bemerkung, er würde nun wieder rauchen. Er schaffte es leider nie, damit aufzuhören.
Anlässlich eines Besuchs meines Freundes Alfred Seimetz, von dem Eiermann erfuhr, kam auch er erstmals in meine Wohnung in der Gartenstraße. Interessiert schaute er sich bei uns um und hatte wohl keine Einwände zu Stringregalen, Eiermann-Korbsesseln, Eiermann-Klappstühlen, Eiermann-Zeichentisch und so weiter. Sein Blick haftete an einem von mir gezeichneten Esstisch mit sehr dünner Tischkante, der ihm gefiel, und er konnte sich hierzu Stühle mit weißer Rückenlehne und dunklen

Holzteilen gut vorstellen. Ich war von diesem Vorschlag sehr angetan und erhielt wenig später die Stühle als Geschenk.

Eiermann war Mitglied im Deutschen Werkbund und ich durfte ihn zur Jahrestagung Anfang der Fünfzigerjahre nach Darmstadt begleiten. Otto Bartning war damals Vorsitzender des dwb und es ging um das Thema »Kunsthandwerk«. Als letzter Diskussionsteilnehmer meldete sich Eiermann. Mit wenigen Worten warf er das gesamte Thema mit der Feststellung über den Haufen, dass das Handwerk tot sei, denn in Zukunft würde nur noch mit der Maschine gearbeitet. Die Sicht des Meisters war seiner Zeit weit voraus. Er wollte nie für die Ewigkeit bauen, deshalb ernannte er Stahl zum fürstlichen Baustoff, den man montieren und wieder demontieren könne.

Er hatte Freude am Schönen. Kaum einer der großen Architekten war im Detail so penibel wie Egon Eiermann. Bei der Besichtigung von Scharouns Philharmonie in Berlin standen mir bei der Begutachtung von Detaillösungen die Haare zu Berge. Es lagen Welten zwischen den eiermannschen Detaillösungen und den hier vorgefundenen.

Die Vorlesungen im Saal 16, später Egon Eiermann-Saal, blieben beliebt und nur selten ließ er sich vertreten. Für meine erste Vorlesung, die ich in seiner Vertretung gehalten habe, gab er mir das Thema »Was ein Architekt über Aufzugsbau wissen muss«. Ich habe daraus eine Vorlesungsreihe gemacht, denn ich wollte, dass auch Architekten über die notwendigen Kenntnisse zur Wahl der verschiedenen Systeme, der Bemessung der Kabinen und der gestalterischen Möglichkeiten verfügen. Ich hatte bereits eine der ersten schnellfahrenden Aufzugsgruppen in Deutschland für das Hochhaus der Verseidag (Vereinigte Seidenwebereien AG) in Krefeld bearbeitet, die 2,25 m/s fuhr.

Diplomingenieur Karl Winkelmann saß als Bauingenieur im Büro und stand den »Architekten-Lehrbuben«, wie er die jungen Architekten nannte, beratend zur Verfügung. Er war ein Betonbauer und wollte von Stahl nichts wissen. Eiermann hat jedoch bei jeder sich bietenden Gelegenheit zunächst versucht, mit dem Baustoff Stahl zu arbeiten. Beton sei ein scheußliches Material, das, wenn in Formen gegossen, erhärtet und kaum noch zu beseitigen sei. Beim Hochhaus Verseidag waren alle Fensterstützen tragende Stützen. Diese Säulen durften nicht stärker als 18 cm in der Breite werden. Winkelmann behauptete, dass das überhaupt nicht machbar sei. Ich ließ ihn wissen, wir würden dann in Stahl bauen. Nach einigen Stunden des Rechnens kam er mit dem Ergebnis zu mir, dass man das doch auch in Stahlbeton machen könne. Nach der Realisierung fragte ich irgendwann den Bauleiter Walter Zeiss, wie er die hohe Präzision zustande gebracht habe, die als Ausgangspunkt die millimetergenauen 10/10 cm großen Steinzeugplatten hatte. Er ließ mich wissen, dass er dem Polier ganz einfach gestattet habe, die Stützen noch etwas weniger breit einzuschalen, womit er die notwendige Toleranz schaffte.

Bei Eiermann wurden sämtliche Pläne einschließlich den Zehntelmillimetern vermaßt. Die Maße mussten theoretisch stimmen, denn am Bau werden Millimeter sowieso verdrückt. Es störte uns nicht, dass die Poliere über die Bemessung unserer Pläne gelegentlich lächelten.
Eiermann war ein Künstler, obwohl er das stets von sich wies. Für ihn war ein Bauwerk ein Gesamtwerk samt Einrichtung und Freianlagen. Auch um Bekleidung kümmerte er sich. Auf einer gemeinsamen Dienstreise zeigte er mir eine Skizze für einen Pelzschal, der am Ende Handtaschen hatte. Ich begleitete ihn zu einem Kürschner, der das Einzelstück für seine Frau in Auftrag bekam. Für das Badische Staatstheater Karlsruhe entwarf er das Bühnenbild zu »Trauer muss Elektra tragen« und dazu gehörten natürlich auch die Kostümentwürfe. In einer Vorlesung kam das Gespräch auch auf Kleidung und er behauptete, dass Männerunterwäsche scheußlich sei: »Stellt euch doch einen Mann in langen Unterhosen vor!«
Er ließ sich überlange Hemden schneidern, die, zwischen den Beinen zusammengeschlagen, Unterwäsche ersetzen. Das war eines der Themen, das bei einem der alljährlich stattfindenden Spargelessen im Löwen in Graben neuen Anstoß bekam. Damen und Herren von Lehrstuhl und Büro waren versammelt und plötzlich fragte Dieter Baumann den Meister: »Herr Eiermann, haben Sie schon die neuen Jockey-Modelle für Herrenunterwäsche gesehen?«
Eiermann schnell und mit abweisender Handbewegung: »Lass mich doch damit in Ruhe. Ihr wisst doch, dass ich Unterwäsche verabscheue.« Baumann ließ nicht locker und schlug eine Vorführung vor. Das gefiel dem Meister und er wollte sich daran beteiligen. Beide standen auf und zogen langsam und umständlich die Krawatten aus und dann kam das Hemd. Baumann im ärmellosen, gut geschnittenen Jockey-Unterhemd und Eiermann mit nacktem Oberkörper und etwas Bauch.
Baumann: »Und jetzt kommt das Höschen.«
Eiermann erwidert: »Auch das mache ich mit«, jedoch als er den Gürtel öffnete, griff seine Frau Brigitte ein mit der klaren Anweisung: »Egon, jetzt reicht es. Schluss mit dem Theater.«

Als erster Mitarbeiter im Büro kaufte ich mir einen LP 300 von Borgward, auch Leukoplastbomber genannt. Das war 1953 und ich hatte gerade den Führerschein erworben. Sehr bald bat mich der Meister, ihn vom Lehrstuhl ins Büro mitzunehmen. So wurde er mir auch zum Fahrlehrer, denn er beobachtete meine Fahrweise genau und machte mich darauf aufmerksam, dass ich den Fuß sofort nach Betätigung von der Kupplung nehmen soll, denn diese würde sich sonst ausleiern.
Entwürfe wurden zur Korrektur an den Flurwänden vor den Räumen des Lehrstuhls aufgehängt. Zur Erläuterung seiner Anmerkungen malte Eiermann oft mit Bleistift auf die Flurwand, die im Laufe der Jah-

re sehr viele Skizzen auf sich versammelte. Das war eigentlich eine gute Idee, denn man konnte sich noch lange nach der Entwurfsbesprechung immer wieder an Gespräche und Anmerkungen erinnern. Als große Ausnahme vertrug ich mich mit Frau Iwand recht gut. Nur einmal kam es zu einem richtigen Krach, bei dem ich sie sehr laut meines Zimmers verwies. Kaum war der Meister im Haus, beklagte sie sich über meine Unverschämtheit. Ich wusste nicht, wie der Meister reagieren würde. Er arbeitete im Zimmer nebenan und schaute lange nicht um die Ecke, wie er es meistens tat. Erst am späten Nachmittag kam er mit lächelndem Gesicht und den Worten: »Na, haste es ihr mal ordentlich gesagt?« zu mir. Schwer vorstellbar, dass er sich eingemischt hätte, aber man konnte ja nicht wissen.

Immer wieder lud Eiermann Persönlichkeiten zu einem Besuch in das Büro oder zu einem Vortrag in der TH ein. So brachte er eines Tages einen jungen Architekten mit, der gerade in Berlin über besondere Konstruktionen promoviert hatte, und wir hörten einen interessanten Vortrag. Es war der spätere Professor Frey Otto, Lehrstuhlinhaber an der TH Stuttgart, der mit Architekt Günter Behnisch und Partner die Seilkonstruktionen der Olympiabauten in München entwarf.

Ich bin mit Plänen für ein Merkur-Kaufhaus beschäftigt gewesen und konnte zugleich den Besitzer, Herrn Salman Schocken, kennenlernen, der mit Architekt Mendelsohn unter anderem die Merkur-Kaufhäuser in Stuttgart und Zwickau geplant und gebaut hatte. Er ging wenig später in die USA zurück und verkaufte seine Merkur-Kaufhäuser an Helmut Horten.

Auch der große Architekt Mies van der Rohe folgte einer Einladung nach Karlsruhe und kam erstmals nach Deutschland zurück. Wir kannten alle seine Bauten aus der Literatur und verehrten ihn auch als letzten Leiter des Bauhauses Dessau. Ich spürte beim Zeichnen, dass jemand hinter mir stand und mir über die Schultern schaute. Beim Umschauen stellte ich überrascht fest, dass ich dem großen Mies gegenüberstand. Er interessierte sich für das, was ich gerade bearbeitete und gab mir den Hinweis, dass in den USA Radien für Fahrzeuge wesentlich größer bemessen werden. Ich zeichnete gerade an den Freianlagen des Verseidag-Hochhauses Krefeld. Krefeld war Mies nicht unbekannt, denn er hatte dort in den Dreißigerjahren für die Familie Esters zwei Landhäuser gebaut. Eines der Häuser wurde nach dem Zweiten Weltkrieg restauriert und ist heute ein Museum. Seinen Vortrag im Saal 16 begann Mies damit, dass wir keine guten Architekten seien, wenn wir gut erholt nach einem Weekend an den Zeichentisch zurückkehren und unbedingt etwas Neues erfinden wollten. Wir wären gute Architekten, wenn wir an etwas Gutem zäh und ausdauernd arbeiten würden, um es noch ein bisschen besser zu machen.

Ich erinnere mich nicht, dass das Bauhaus ein Thema für den Meister gewesen wäre. Er hatte seine eigene moderne Architektur entwickelt. Eher sprach er gelegentlich von seinen Lehrern, vor allem von Hans Pölzig (1869–1936), der in meinem Geburtsjahr Vorsitzender des Deutschen Werkbunds (dwb) war und den Verwaltungsbau der IG-Farben in Frankfurt plante. Von ihm hat Eiermann denken gelernt und erwähnte oft, dass Bauen denken und lernen bedeutet. Auch Peter Behrens (1868–1940) erwähnte er hier und da und wie die Besten auf geheimnisvolle Weise in seine Nähe kamen.

Im Büro Eiermann und Hilgers saßen zeitweise ehemalige Mitarbeiter aus Eiermanns früherem Berliner Büro, wie zum Beispiel Rudolf Büchner und Herbert Hirsche, die er in den Westen holte, um dort Professuren anzutreten. Aus den USA kam Konrad Wachsmann, um einige Monate am Lehrstuhl mitzuarbeiten. Er hatte in den USA ein Tragsystem für große Spannweiten entwickelt und sich mit industrialisiertem Bauen beschäftigt, das auch mich interessierte. Erst nach der Wende erfuhr ich bei der Besichtigung von Einsteins Wohnhaus in Caputh, dass Wachsmann bei der Erstellung des schwedischen Fertighauses die Bauleitung übernommen hatte.
Es gab immer wieder neue Aufträge für Merkur-Kaufhäuser, die in kürzester Zeit zu realisieren waren. Eiermann erklärte, dass das Geld an den Warenhäusern verdient würde, denn nur so sei es möglich, die sorgfältige Detailbearbeitung für andere Bauwerke durchzuhalten. Das Merkur in Heilbronn (veröffentlicht in Bauen + Wohnen, 3/1952) bearbeitete ich an der Seite von Herbert Hentsch. Für das Warenhaus in Reutlingen war ich bereits Projektleiter gewesen. Es war das erste Warenhaus mit Umgängen. Bei einem Rundgang mit dem Meister um das fertige Gebäude sagte er: »Das müssen wir fotografieren lassen und dann schnell fort, denn wir wissen nicht, was die Kaufhausleute damit machen.« Das Verhältnis zu diesen Bauten änderte sich durch den Verkauf der Merkurhäuser an Helmut Horten. Das Baugesuch für Merkur Ulm, das eine Weiterentwicklung von Reutlingen werden sollte, wurde von Horten sofort gestoppt, da er eine andere Architektur bevorzugte. Sein mit Naturstein verkleidetes Kaufhaus in Duisburg sollte Beispiel sein. Eine sehr schwierige Zeit war nun durchzustehen, denn selbst im Ausbau hatte Horten eigene Vorstellungen. Die Haupttreppe sollte von einer Holzkunstfirma ausgeführt werden und Eiermann protestierte mit einem Telegramm. Er schrieb an Horten, dass es ein ungeschriebenes Gesetz der Architektur sei, an Steinfuß-

Kaufhaus Merkur in Heilbronn 1952
Architekten Prof. Egon Eiermann und Robert Hilgers

böden Steintreppen anzuschließen. Eine Antwort gab der neue Leiter der Bauabteilung, Karl-Heinz Schütz: es sollte alles so bleiben, wie von Horten festgelegt.
Bauleiter in Ulm war Herr Moik. Er war der größte Baubär, den ich je kennengelernt hatte. Eines Tages rief er mich mit der Forderung an, dass ich bis spätestens am nächsten Tag um 15 Uhr auf der Baustelle den Ausführungsplan für das Erdgeschoss zu übergeben hätte. Dieser Tonfall war im Büro Eiermann absolut unbekannt und ich reagierte mit Beendigung des Telefongesprächs. Schon eine Minute später war er wieder in der Leitung und ließ mich wissen, dass er nach den Plänen M. 1:100 bauen würde, wenn ich den Ausführungsplan nicht nach Ulm bringe. Von Moik war bekannt geworden, dass er mit Zeit und Geld eigene Wege geht. Er soll sogar ganze Warenhäuser nach cbm (Kubikmeter) ausgeschrieben haben.
Um unserem Bauwerk keinen Schaden zuzufügen, fuhr ich am nächsten Tag mit meinem Lloyd LP 300 nach Ulm und nachdem wir uns ordentlich die Meinung gesagt hatten, bemühten wir uns von da an miteinander auszukommen. Das funktionierte leidlich, und dennoch war ich dem Baubären nochmals ausgeliefert. Mit dem Vorwand, mein Hotel sei belegt, hatte er für mich ein Zimmer in der Nähe gebucht. Ahnungslos ging ich am Abend vom Baubüro in die Rote Laterne im Ulmer Puff. Der Ort wurde mir erst verständlich, als ich an der Rezeption gefragt wurde, ob ich Gesellschaft im Zimmer haben möchte. Noch heute sehe ich die schelmischen Gesichter von Moik und seinen Sekretärinnen am nächsten Morgen vor mir und erinnere mich an die fürsorglichen Fragen, ob ich mit dem Hotel zufrieden gewesen sei. Meine Reaktion, die darauf hindeutete, dass ich von dem Hinterhalt überhaupt nichts bemerkt hatte, minderte hoffentlich die Schadenfreude.

Mein Studium lief so nebenher und wenn Prüfungen anstanden, gingen gelegentlich auch Briefe von Eiermann an seine Kollegen mit dem Wortlaut: »Ich schicke Ihnen einen meiner Besten.« Das war eine gute Empfehlung. Ich war sein Schüler, den er auf allen Gebieten förderte. Einmal fiel es ihm außerordentlich schwer, für meine Entwicklung die richtigen Worte zu finden. 1955 hatte ich von Bekannten den Auftrag für die Planung eines Wohn- und Geschäftshauses in Pforzheim erhalten. Das Gebäude war gut gelungen und Dr. Ulrich Konrads, damals Chefredakteur bei Baukunst und Werkform, rief mich an mit dem Wunsch, mein Gebäude zu veröffentlichen. Zugleich sollte diese Veröffentlichung in der holländischen Zeitschrift Bouw erfolgen. Noch hatte ich Eiermann davon nichts erzählt, da lag eines Tages die Zeitschrift Baukunst und Werkform mit einer sehr schönen Veröffentlichung meines Pforzheimer Gebäudes auf seinem Tisch (Baukunst und Werkform, 9/1956). Der Zufall wollte es, dass Eiermann gerade an diesem Tag mit mir nach Pforzheim zur Kirche im Arlinger fahren wollte. Ich nutzte diese Gelegenheit und bat auf dem Rückweg um eine Besichtigung des von mir entworfenen Gebäudes in der Museumstraße. Wir hielten vor dem Haus und Eiermann betrachtete es von der Straßen- und Rückseite. Er ging ins Treppenhaus und auf den Laubengang und sagte kein Wort. Wir stiegen wieder ins Auto und fuhren hinauf zur Autobahn. Erst dort drehte er den Kopf lächelnd zu mir um mit der Bemerkung: »Mein erster Bau war so gut nicht.« Ich konterte ganz schnell mit dem Ausspruch, er hätte wohl auch nicht so einen guten Lehrer wie ich gehabt. Damit war die Sache erledigt, doch erst viel später wurde mir bewusst, dass dieses Gebäude hundertprozentig meinen Lehrer erkennen ließ.

Wohn- und Geschäftshaus Haulick in Pforzheim 1955

Das Fotografieren war eine besondere Seite des Meisters. Er verabscheute Perspektiven, die meist verlogen seien, und ließ Modelle bauen und diese fotografieren. Ich wurde Zeuge, wie er von Horstheinz Neuendorff ein Wettbewerbsmodell fotografieren ließ. Das Bild sollte sogar Wolken enthalten, die ein Student mit dem Rauch seiner Zigarette erzeugen musste. Eiermann gab das Kommando: ziehen (an der Zigarette), blasen (den Rauch ausblasen) und drücken (den Auslöser betätigen). Kaum waren die Kommandos gegeben, beklagte sich der Meister mit den Worten: »Du hast falsch geblasen und du hast zu spät gedrückt.« Die Anweisungen ziehen, blasen und drücken wiederholten sich so lange, bis ein perfektes Bild abgelichtet war.

1953 brachte Eiermann Georg Kasimir zur Mitarbeit in das Team Hochhaus für die Vereinigten Seidenwebereien (Verseidag) in Krefeld, dessen Projektleiter ich war. So lernten wir uns kennen. Sehr bald entstand eine Freundschaft, die später auch zu gemeinsamen Arbeiten außerhalb des Büros Eiermann und Hilgers führte.

Auf den Baustellen der Fünfzigerjahre ging es sehr rau zu. Noch gab es keine Helme, keine richtigen Handschuhe, keine Sicherheitsschuhe, keine guten Fördermittel. Kaum eine Großbaustelle blieb ohne einen oder gar mehrere Tote. An der Verseidag-Baustelle war vollkommen klar, dass der gesamte Bauuntergrund aus Sandboden bestand und nur aus besonderer Vorsicht ließen wir einige Bohrungen durchführen. Das Büro Leussink und Schmidtbauer waren die Bodengutachter (Dr. Leussink war der spätere Rektor der TH Karlsruhe). Hier erwies sich, wie wichtig Bodenuntersuchungen sind, denn in der Gebäudemitte, wo die größten Lasten auf den Boden abgetragen werden, war eine mächtige Tonlinse in der Erde. Eine Verschiebung des Gebäudes wurde ausgeschlossen, weshalb Pfähle durch die Tonlinse bis zum tragfähigen Grund gebohrt werden mussten. Beim späteren Ziehen der Stahlrohre stellte sich heraus, dass sich die Rohre im Lehm festgefressen hatten, sodass am Bohrgerüst Stahlteile zerrissen und einen tödlichen Unfall verursachten. Im Büro gab es große Aufregung wegen der Umarbeitung der Fundamentpläne. Da ich genau wusste, wer was zu welcher Zeit benötigte, beteiligte ich mich nicht an der Hektik, was Eiermann zu der Bemerkung veranlasste: »Deine Bierruhe möchte ich haben.«

Eiermann legte großen Wert auf fröhliche Architekten, denn ein »Miesepitter« könne keine positiven Ideen entfalten. Oft sagte er zur Begrüßung ganz einfach: »Kinder, seid ihr fröhlich?«

Wir waren nicht nur bei der Arbeit, sondern auch bei anderen Anlässen ausgesprochen fröhlich. Die Fastnachtsfeste in den frühen Fünfzigerjahren im Studentenhaus, in der TH und in der Akademie waren Stadtgespräch. Einmal trafen wir uns in der Wohnung des Meisters, hörten fröhliche Musik und tranken Wein. Schließlich bemalten wir uns gegenseitig. Eiermann zog sich quer über das Gesicht einen roten Strich. Akademie-Eintrittskarten zur Faschingsveranstaltung gab es schon lange nicht mehr, nur einer der Assistenten hatte sich rechtzeitig eine Karte besorgt und öffnete zur vereinbarten Zeit ein bestimmtes Kellerfenster, durch das wir mitsamt dem Meister einstiegen. Bei diesem Fest interessierte ich mich für eine Schülerin des berühmten Professors Schnarrenberger, die immer wieder in seine Nähe zurückkehrte. Schließlich blieb ich bei Schnarrenberger sitzen, doch sie entschwand und war nicht mehr gesehen.

Auch von mir zu Hause aus startete ein Streifzug durch die Karlsruher Festsäle. Sowohl in der Schwarzwaldhalle, als auch in der Stadthalle schafften wir es, das lustige Volk mit einer Polonaise durcheinander zu wirbeln. Jeweils wenn wir es geschafft hatten, dass der ganze Saal auf den Beinen war, verließen wir den Saal und suchten neue Orte auf.

Auch die Privatfeste im Atelier Eiermann und bei Georg Pollich bleiben unvergessen. Hier flüsterte mir Ursula H. vertrauensvoll ins Ohr, dass sie Klaus Zimmermann heiraten würde. Die Damen waren an der TH sehr knapp, deshalb wurden zu größeren Festen Damen von der Hochschule Germersheim mit dem Bus geholt.

Der Meister war ein nimmermüder Arbeiter und schaffte oft bis spät in die Nacht. Arbeitsunterbrechungen konnte er nicht leiden, deshalb waren ihm zu viele Feiertage zuwider. Einmal, nach Weihnachtstagen und Jahreswechsel, am Vortag der Heiligen Dreikönige, lief er durchs Büro und stellte die Frage: »Ich arbeite morgen. Kommt ihr auch?« Zu dieser Zeit teilte ich mit Helmut Striffler das Zimmer und seine Antwort ist mir in Erinnerung geblieben. Er sagte: »Herr Eiermann, wir schauen nicht auf die Uhr, wir ändern Pläne, bis nichts mehr zu ändern ist und wir stehen voll hinter unserer Arbeit. Bitte ändern Sie aber den Kalender nicht.«

Im Büro trugen wir einige Jahre weiße Kittel. In einem heißen Sommer trugen einige Mitarbeiter kurze Hosen. Eiermann beanstandete das unästhetische Aussehen der haarigen Beine, die unter dem weißen Kittel zu sehen waren. Das wurde zur Kenntnis genommen und wir verzichteten in Zukunft auf die weißen Kittel.

In Erinnerung an die TH muss Fräulein Pfaff, Sekretärin und gute Seele der Fakultät für Architektur erwähnt werden. In ihrem Büro stand ein großer alter Schrank, der die vielen Ordner mit Prüfungszetteln enthielt. Wenn man sie besuchte und nach dem Ergebnis einer bestimmten Prüfung fragte, deutete sie still zum Schrank und wendete sich wieder ihrer Arbeit zu.

Baugeschichte war ein Fach, das vielen Studenten entweder schlechte Zensuren oder gar eine Wiederholung bescherte. Auch ich musste durch dieses Nadelöhr. Gut vorbereitet, saß ich im Vorzimmer von Professor Tschira, wo sich ein zweiter Kandidat hinzugesellte. Studenten waren damals noch per Sie und wir machten uns bekannt. Er war Grieche und Sohn eines verstorbenen Reeders, der der Stiefmutter testamentarisch hinterlassen hatte, dass der Sohn monatlich 2000 Mark erhalten solle, bis er ein Studium abgeschlossen hat. Das Testament führte dazu, dass er Medizin bis kurz vor Abschluss studierte und dann das Architekturstudium begann. An besagtem Tag wollte er die letzte Prüfung ablegen, aber eine Diplomarbeit wollte er nicht abgeben, denn er hatte sich bereits für das Jurastudium an der Universität in Florenz eingeschrieben.

Auch er war gut vorbereitet und wusste um das Steckenpferd des Professors, das Kloster Hirsau. Wir wollten versuchen, in der Prüfung das Thema darauf zu lenken. Er schaffte es tatsächlich und wir wurden nach einschlägiger Literatur gefragt, die aber nicht ausreichend erschien, deshalb stand der Professor auf und holte aus seinem Bücherregal einen ganzen Arm mit neuster Literatur über Hirsau. Wir verließen die Prüfung beide mit 1,0.

Natürlich hing auch meine Diplomarbeit eines Tages an der Wand des Lehrstuhlflurs. Der Professor besprach sie jedoch nicht öffentlich. Nach Bekanntgabe der Diplomabschlüsse in einem kleinen Hörsaal fand die Verabschiedung statt. Der Hörsaal hatte zwei Zugänge; an der rechten Seite hatten sich die Professoren aufgestellt. In jenem Moment ging die linke Tür auf, Eiermann betrat den Saal und schaute sich nach mir um. Ich stand ganz hinten, er kam auf mich zu und umarmte mich mit den Worten: »Wie kommst du denn auch zu ›sehr gut‹ in Baugeschichte?« Dann nahm er mich am Arm und verließ durch den linken Ausgang mit mir den Saal mit der Bemerkung, dass ich mich von denen nicht verabschieden müsse. Damit war klar, dass nur er mein Lehrer und ich sein Schüler war. Früher nannte man das Meisterschüler.

Wie gut er meine Diplomarbeit kannte, ist dadurch belegt, dass er viele Monate später zu mir sagte, dass mein Hochhaus in Toronto/Kanada stünde, was ich nicht wusste.

Nachdem Hilde Trappmann das Büro verlassen hatte, übernahm ich die Fertigstellung des Verseidag-Verwaltungsbaus. Für die Zusammensetzung der schönen Geländer fertigte ich für das Verbindungsstück von Geländerpfosten und Handlauf ein Modell aus rotem Plastilin, das dem Meister gefiel. Zeiss ließ es in Leichtmetall gießen. Ein schönes Detail war erfunden und wurde in den kommenden Jahren häufig genutzt.

Meine Baustelle in Krefeld war im Zeitplan und während die gleichen Geschosse übereinander erstellt wurden, hatte ich etwas Zeit für Neues. Da kam die Anfrage von der Merkur Geschäftsleitung, ob der Meister für einen Warenhaus-Neubau in Pirmasens zur Verfügung stünde. Eiermann wollte nicht, denn die Konstellation, dass die Bauherrschaft zwei Pirmasenser Schuhfabrikanten waren und nur die Planung und Bauleitung in Händen der Merkur Bauabteilung lagen, behagte ihm nicht und er lehnte ab. Die Geschäftsleitung hatte mich beim Bau von Merkur Heilbronn, Reutlingen und Ulm kennengelernt und kam nun mit der Bitte auf mich zu, ob ich diese Aufgabe übernehmen könnte. Eiermann fragte mich, ob ich das Kaufhaus planen wollte unter der Bedingung, dass meine Projektleitung in Krefeld nicht darunter leiden würde.

Gern wollte ich diesen Planungsauftrag übernehmen und versprach, dass der Meister damit absolut nicht belästigt würde. Ich fuhr für drei Wochen nach Nürnberg und entwarf im Büro der Bauabteilung Merkur den Neubau – immerhin das größte Gebäude von Pirmasens. In Karlsruhe zurück, stempelte ich alle Pläne

Kaufhaus Merkur in Pirmasens 1956

mit dem Eiermann und Hilgers-Stempel und unterschrieb als Architekt. So gelangte dieses Kaufhaus in das Werkverzeichnis des Meisters, obwohl er damit überhaupt nichts zu tun haben wollte und er das Gebäude auch nie gesehen hatte. Zur Mitarbeit standen mir die Kollegen des Verseidagteams zur Verfügung. Das Gebäude wurde in nur 85 Arbeitstagen in einer exemplarischen Zusammenarbeit mit dem jungen Bauleiter Josef Wittmann von der Merkur-Bauabteilung fertiggestellt. Das war ein Rekord, wie er heute unvorstellbar ist.

Es muss erwähnt werden, wie zum Beispiel die Elektroarbeiten durchgeführt wurden. Der Chef der Elektrofirma Ritterkreuzträger Düllmann bekam mittwochs den Auftrag, dass am kommenden Montag die Arbeiten auf der Baustelle beginnen müssten. Mit einem umgebauten englischen Bomber sammelte er in der BRD seine Elektriker ein, die pünktlich am Montag mit 25 Mann zur Stelle waren, um innerhalb von nur acht Tagen die damals üblichen Stegleitungen zu installieren. Es folgte die Firma Prof. Lauermann, die mit 20 Verputzern in einer weiteren Woche die Verputzarbeiten durchführten. Meinem Einwand, dass der Anstrich erst nach vollkommener Trocknung ausgeführt werden darf, wurde entgegnet, dass in einem Jahr erneut ein Anstrich erfolge und zwar auf Unterhaltskosten.

Zu erwähnen sind die Richtfeste der Fünfzigerjahre, die alle sehr ähnlich abliefen. Meist freitags ab 16 Uhr gab es Rippchen, Kraut und Bier. Zunächst herrschte große Ruhe im Saal, bis der Bierkonsum zu wirken begann. Spätestens um 19 Uhr (es war Freitag und die Männer hatten den Lohn in der Tasche) kamen einige Frauen, die sich dazu gesellten, um ihre Männer samt der Lohntüte sicher nach Hause zu bringen. Spätestens um 20 Uhr, nachdem alle Reden gehalten waren, verließen Bauherren, Architekten und Ingenieure das Fest, um an anderer Stelle den Abend in ruhiger Atmosphäre zu beenden. Von Pirmasens ist überliefert, dass es noch zu Streitgesprächen kam und dass ein besonders starker Zimmerer-Polier angeblich seinen Widerpart empor gehoben hat, um ihn durch ein geschlossenes Fenster in den Hof zu werfen.

Nach Übergabe des Merkurhauses kam das Geschäftsgebäude der Verseidag in die Schlussphase. Erstmals wurden demontable Wandelemente zur Abtrennung von Büroräumen entwickelt und realisiert. Die Planung war bis auf das Dachgeschoss abgeschlossen. Es sollte zurückgesetzt und von Dachterrassen umgeben werden, Technik, Küche, einen großen Speisesaal und einen kleineren Raum für besondere Verwendung beinhalten.

Mein Entwurf hing seit Wochen (M. 1:50) an der Wand hinter meinem Arbeitsplatz. Wegen der Besonderheit dieses Geschosses erwartete ich große Diskussionen, denen ich gern aus dem Weg gehen wollte. Doch inzwischen drängte die Zeit und ich bat den Meister um eine Entscheidung. Er schaute mich mit väterlichem Blick lächelnd an und sagte, dass der Entwurf doch schon lange an der Wand

Geschäftshaus Verseidag in Krefeld 1957
Architekten Professor Egon Eiermann und Robert Hilgers

hinge und ich es so bauen solle. Das war eine große Auszeichnung für mich, die belegte, wie sehr ich mich an die Denk- und Arbeitsweise des Meisters angenähert hatte.

Das Betriebsgebäude wurde durch einen zweigeschossigen verglasten Verbindungsgang mit dem Jahre zuvor gebauten Verwaltungsbau verbunden und bildete damit ein schönes Gesamtbild. Jimmy Jones, ein US-amerikanischer Architekt, wollte Eiermanns Arbeitsweise kennenlernen und der Meister übergab ihn in meine Hände. Ich ließ Jimmy die Dehnungsfuge zwischen den Gebäuden und dem Übergang bearbeiten, was für ihn gewisse Probleme schaffte. Kurz vor der Verzweiflung sprang er auf und schoss wie ein Cowboy um sich. Das machte er akustisch so perfekt, dass man sogar normale Schüsse und Querschläger unterscheiden konnte. Nach tagelanger Arbeit hatte er das Problem »Dehnungsfuge« perfekt gelöst und dabei gelernt, wie bei Eiermann Details entwickelt wurden.

Bei der Planung für mein Gebäude in der Museumstraße in Pforzheim habe ich für die exakte Anbringung der Sockelleisten eine sogenannte Putzleiste erfunden und auch veröffentlichen lassen. Dieses Detail hat Georg Kasimir, der Projektleiter für den Neubau Volkshilfe in Köln geworden war, dem Meister vorgeschlagen, der es für diesen Bau akzeptierte. Ich gehe davon aus, dass er wusste, wer der Urheber war.

Auf einer Reise von Krefeld nach Karlsruhe besuchte ich die Kölner Baustelle und traf dort im Baubüro den völlig entnervten Oswald Matthias Ungers, der den davongelaufenen Bauleiter in der Endphase des Bauwerkes ersetzte. Ungers erzählte mir, dass der Alte (wie er den Meister nannte) um 10 Uhr am Morgen ein Phantom M. 1:1 vom Eingangsdach haben wollte. Es war schon ein Kunststück, so etwas bei laufender Baustelle in kurzer Zeit zu schaffen und es musste sogar mit einem Kasten Bier nachgeholfen werden. Eiermann kam pünktlich und erklärte nach kurzem Hinsehen, das Dach sei mindestens 50 cm zu hoch. Mit der Bitte, dies zu korrigieren, verließ er die Baustelle und wollte um 12 Uhr die abgeänderte Konstruktion sehen. Natürlich verstanden die Zimmerleute diese Änderung überhaupt nicht und Ungers musste den Wunsch des Meisters mit vielen guten Worten durchsetzen, der pünktlich um 12 Uhr kam, sah und erklärte, nun sei das Dach um ca. 10 cm zu niedrig. Bis 15 Uhr wollte er die Korrektur sehen. Ungers verzichtete auf die Durchführung dieser Maßnahme, die den Zimmerleuten wohl kaum zu erklären gewesen wäre. Eiermann kam erneut zur Baustelle und Ungers fragte, ob er nun zufrieden sei. Nach einem kurzen Blick sah der Meister, dass nichts verändert worden war und giftete Ungers an, dass er jetzt wenigstens genau wüsste, was er in Karlsruhe für ein Höhenmaß anzugeben hätte. Wenn es um die Details ging, war mit dem Meister eben nicht zu spaßen.

Im Kasino der Verseidag saß ich neben meinem ersten Chef, Herrn Dr.-Ing. Robert Kögel, der fast erblindet war. Nach dem ersten Schluck Wein bemerkte er dem Gastgeber gegenüber, er habe einen vorzüglichen Wein ausgesucht. Regierungsbaumeister Auer hatte aber wenig Weinkenntnisse und sagte, indem er auf die Flasche schaute, dass es Jahrgang '52 sei. Kögel erwiderte darauf, dass das jeder wisse, denn '52 war ein ganz besonderer Jahrgang, der wohl in Traben-Trarbach gewachsen sei. Nun nahm Auer die Flasche erneut und bestätigte dies. Kögel bat, die Flasche in der Hand zu behalten, denn er wüsste nun auch den Winzer. Es könne dieser oder jener sein und auch hier war der Weinkenner auf der richtigen Spur. Ich schaute ihn erstaunt an mit den Worten, dass das ja fast unmöglich sei, Jahrgang, Lage und Winzer zu erkennen. Kögel beendete das Thema zu mir gewandt mit den Worten: »Sie müssen halt üben.«

Die Fenster des Krefelder Hochhauses, die mein Kollege Peter Dresel zeichnete, sollten große Schwingflügel über einem feststehendem Unterteil erhalten. Um die Diskussion über die Höhenfestlegung der Kämpferoberkante zu beenden, maß ich die kleinste und die größte Person der Belegschaft. Gemessen wurde jeweils die Augenhöhe der sitzenden und stehenden Personen. So ermittelte ich das Maß von 1,425 m. Unter Beachtung dieses Maßes konnten beide Personen sitzend unter dem Kämpfer durchsehen und stehend über den Kämpfer hinweg sehen.

Mit dem Meister gut vorbereitet, hatte ich Pläne für die gesamten Freianlagen im Programm. Da es auch um Geld ging, ergab sich sofort eine alles umfassende Diskussion. Eiermann widersprach keinem einzigen Punkt. Ich war der Verzweiflung nahe, denn alles war in sich schlüssig und wir sahen überhaupt keine Alternativen. Eiermann ließ lange Leine ohne Widerspruch. Ich dachte bereits, ich hätte wochenlang für den Papierkorb gearbeitet. Mit großem Erstaunen verfolgte ich den Diskussionsfortgang und erlebte, wie Eiermann die Anwesenden Punkt für Punkt von der Richtigkeit unserer Ideen überzeugte. Bei dieser Gelegenheit lernte ich auch, wie man eine Besprechung führen muss, damit am Ende alles so werden kann, wie man es selbst für richtig hält.

Mehrfach hörte ich von Eiermann, dass wir an der Technischen Hochschule mit unheimlich viel Technik vollgestopft würden. Wir sollten das Meiste davon vergessen, wenn wir Architekten werden wollten, denn Architekten seien keine Ingenieure. Die Ingenieure seien wichtige Helfer unserer Arbeit, doch sie vertreten nur ein Teilgebiet und der Architekt sei für das Ganze verantwortlich.

Mit meinem 30. Geburtstag sollte sich alles ändern, doch noch war das besondere Projekt nicht in Sicht. Stattdessen öffnet sich die Tür und Robert Hilgers trat mit einer großen Flasche Mampe Halb & Halb ein, gefolgt vom gesamten Büro. Gisela Iwand brachte Gläser, es wurde auf mein Wohl angestoßen und nach 10 Minuten weiter gearbeitet.

Nun wurde ich Projektleiter für den Verwaltungsneubau der Essener Steinkohle. Die Bauherrschaft wurde vom Vorstandsvorsitzenden, Herrn Bergassessor Tengelmann, und seinem Technischen Direktor, Dr. Wulf, vertreten. Es zeigte sich, dass Wulf gestalterischen Dingen wenig aufgeschlossen gegenüberstand und Eiermann keinen rechten Draht zu ihm fand, weshalb ich allein den Kontakt mit ihm übernehmen musste. Erfreulicher Weise konnte ich sehr schnell ein gutes Vertrauensverhältnis zu ihm herstellen, sodass die Technik den Entwurfprozess nicht belastete. Das Grundstück lag an einer Straßenecke und die Bebauung hatte einen Nachbargiebel zu beachten. An Solitärbauten gewohnt, war der Anbau an eine andere Architektur sehr problematisch und auch eine Erweiterung war nicht möglich. Es gelang dem Meister, die Herren von der Steinkohle von diesen Nachteilen zu überzeugen und ein anderes Grundstück zu suchen. Das neue Grundstück lag in der Nähe und hier konnten wir ohne Zwänge einen idealen Grundriss entwickeln. Das Projekt entwickelte sich sehr schnell und das Baugesuch erhielt ohne Probleme die Baugenehmigung.

Kurz nach Baubeginn starb der langjährige Bauleiter Dipl.-Ing. Walter Zeiss und hinterließ eine große Lücke. Ich fuhr mit dem Meister zur Beerdigung nach Krefeld und erfuhr von Frau Zeiss, wie gern der Verstorbene mit mir zusammengearbeitet hatte. Nach Anfangsschwierigkeiten mit der neuen Bauleitung lief die Baustelle gut und einvernehmlich mit der Bauherrschaft. Auf einer Autofahrt nach Essen erzählte mir Robert Hilgers von einem Wettbewerb, den die Firma Tengelmann in den Zwanzigerjahren im Ruhrgebiet veranstaltet hatte. Es wurde ein Werbespruch mit einem Inhalt über Tengelmanns eigene Kaffeeplantagen gesucht. Der Wettbewerb hatte einen ersten Preis und einen Sonderankauf ergeben, der nicht veröffentlicht werden sollte, und trotzdem klebte am nächsten Tag an vielen Tengelmann-Filialen der Spruch: »Ach du lieber Tengelmann, was geht mich denn dein Kaffee an und deine Scheißplantage. Leck mich doch am Arsche.«

Mit diesem Spruch im Hinterkopf gingen wir in die Sitzung, die Herr Assessor Tengelmann leitete. Hilgers flüsterte mir ins Ohr: »Ach du lieber Tengelmann …« und mein kurzer Lacher wäre beinahe sehr unangenehm für uns geworden.

Eiermann war ein begeisterter Autofahrer. Auf einer Fahrt über die Schwarzwaldhochstraße mit seinem VW Cabriolet fuhren wir auf enger Straße hinter einem Heuwagen. Eiermann machte mich aufmerksam, dass jetzt was komme. Er beschleunigte und schlug zuerst mit der linken und dann mit der rechten Hand auf das Lenkrad und da waren wir plötzlich vor dem Heuwagen. Nun sah er mich lächelnd an mit den Worten, dass ich das nicht unbedingt nachmachen müsse. Später nahm er mich mit in einen Autosalon in Düsseldorf. Er hatte Freude an einem Sunbeam gefunden, den er auch als nächstes Auto kaufte. Wenn ich mich nicht irre folgte ein MG, was Herrn Tengelmann, den Chef der Essener Steinkohle zu der Bemerkung veranlasste, er hätte eigentlich vermutet, jetzt würde ein richtiges Auto die Nachfolge antreten.

Auf einer Autofahrt im Gespräch mit Eiermann hatte er wohl aus meinen Fragen herausgehört, dass ich mehr Eigenes machen wollte. Er schaute mich freundlich an und sagte: »Jetzt machst du meine Sachen und später findest du einen, der deine Sachen macht.« Punkt!

Professor Eiermann hielt nichts von Doktorarbeiten für Architekten. Doktor macht man nicht, Doktor wird man. Dies wurde deutlich nach der Besichtigung der Wettbewerbsarbeiten für die Universität des Saarlands. Wir versammelten uns mit dem Meister im Ratskeller. Ein ehemaliger Diplomand, der in der Bauverwaltung des Saarlandes arbeitete, gesellte sich mit der Frage neben den Professor, ob er gewillt sei, ihm eine Doktorarbeit zu geben, was ihm beruflich weiterhelfen würde. Eiermann antwortete, ohne lang nachzudenken: »Aber gern gebe ich Ihnen ein Thema. Schreiben Sie doch über Freudenhäuser.« Das Thema des Abends war gegeben und wir hatten viel Spaß damit. Ich erinnere mich an eine Doktorarbeit, die lange auf dem Tisch des Meisters lag. Endlich bemühte der Doktorand den Korreferenten, der die Arbeit ganz ausgezeichnet beurteilte. Erst dann nahm Eiermann die Arbeit erstmals in die Hand: »Also machen wir ihn zum Doktor.«

Höhepunkt der Zusammenarbeit mit dem Meister – der Versandhaus-Neubau Neckermann in Frankfurt

Meine Vorstellung, dass sich bei einem 30-jährigen jungen Architekten etwas Entscheidendes ändern müsse, trat beim Umtrunk mit Mampe Halb & Halb noch nicht ein.
Josef Neckermann kam erstmals 1950 zu Professor Eiermann an die TH mit einer fertigen Planung für ein Versandhaus am Frankfurter Ostbahnhof. Er wollte vom Professor wissen, ob die Planung realisiert werden könne. Eiermann bestätigte in seinem Gutachten, dass die gesamte Anlage funktionieren würde, aber es überhaupt keine Erweiterungsmöglichkeit gäbe. Neckermann war mit dieser Auskunft sehr zufrieden und gab zu verstehen, dass er froh sei, wenn das Versandhaus in dieser Größe ein Erfolg würde. Spätestens im Sommer 1958 kam er erneut mit der Feststellung, dass der Professor Recht behalten habe, das Versandhaus aus allen Nähten platze und es leider überhaupt keine Erweiterungsmöglichkeit gebe. Ein großes Grundstück in Frankfurt an der Hanauer Landstraße habe er bereits erworben und der Neubau müsse in genau zwei Jahren betriebsfertig übergeben werden. Selbst die Gesamtkosten wusste der erfolgreiche Kaufmann und bezifferte diese mit rund 40 Millionen Mark. Die Architekten Eiermann und Hilgers erhielten diesen Großauftrag. Nun wurde ein Chefarchitekt gesucht. Die Rohbauarbeiten in Essen waren abgeschlossen. Eiermanns Frage, ob ich mir vorstellen könnte, dass meine Kollegen Heinz Kuhlmann und Hans Ell die Restarbeit allein bewältigen könnten, bejahte ich. Der Meister fragte nochmals, denn dieser Verwaltungsbau sollte störungsfrei zu Ende geführt werden. Nun kam die alles entscheidende Frage: »Willst du die Leitung des Planungsbüros für das Versandhaus übernehmen?« Ich wollte, denn diese große Aufgabe war eine enorme Herausforderung für mich. Ohne weiteren Kommentar lud mich der Meister zum Abendessen in den Erbprinz nach Ettlingen ein. Nach dem ersten Glas Wein und einem erstklassigen Essen kam unvermittelt die Frage, was ich eigentlich zurzeit verdiene. Obwohl Eiermann das genau wusste, bestätigte ich mein Gehalt mit 1000 Mark, was 1958 als sehr gehoben zu bewerten war. Nun schrieb er auf eine Serviette, dass ich ab sofort 1500 Mark verdienen sollte. Wohlwissend, welch große Aufgabe mir bevorstand, machte ich keinen Luftsprung. Eiermann schaute mich an und schrieb »+ 500 Mark« darunter mit dem Hinweis, dass ich die aber erst am Jahresende erhalten würde.
Das war die väterliche Hand, die den Jungen langsam nach oben führte. Ich war einverstanden, denn mein Honorar war damit vom einen zum anderen Tag verdoppelt worden. Beim zweiten Glas Wein besprachen wir, wie das Projekt ab sofort zu entwickeln war. Als Räume standen mir die schönsten

Räume im Architekturgebäude der TH zur Verfügung (Nordwestecke, zweites OG mit Terrasse). Die Möblierung war meine Angelegenheit. Die Mitarbeiter, ca. acht Dipl.-Ingenieure, wollte der Meister nach und nach einstellen. Schon am nächsten Tag übergab ich das Projekt Essen und bestellte Tischplatten, Eiermann-Tischgestelle und Eiermann-Klappstühle. Mein Arbeitsplatz sollte in der Nähe des Zugangs liegen und hinter mir wurde durch eine Regalwand ein Besprechungsraum für ca. 14 Personen abgeteilt. Die ersten neuen Mitarbeiter, Ralf Rinnebach und Axel Modersohn, kamen aus Berlin. Von unserer Hochschule mit Eiermann-Diplom kamen Karlheinz Götz, Georg Kuhn und Flavio Emery. In diesem Team hatte allein ich ausreichend Bauerfahrung.

Noch gab es kein Raumprogramm, das wir als Erstes mit der Bauherrschaft erarbeiten mussten. Der Neckermann-Betriebsleiter, eine wichtige Person im Unternehmen, war Nico Hariton, ein Rumäne. Er war studierter Maschinenbauer und nach dem Abfall der rumänischen Armee vom deutschen Herr 1944 hatte man vergessen, ihn zu internieren. Er lebte illegal in Berlin weiter und durfte sich an der Hochschule nicht sehen lassen. Mit den notwendigen Geräten versehen, beschäftigte er sich mit Astrologie, die er sehr ernstnahm. Ich wurde sofort darauf aufmerksam gemacht, denn er würde bei der ersten Gelegenheit versuchen, mein Geburtsdatum zu erfahren, das ich ihm möglichst genau anvertrauen sollte. Wir arbeiteten wie besessen. Obwohl es auf der ganzen Welt kein verwertbares Beispiel gab, kamen wir schnell in die Phase des Vorentwurfs. Der Meister arbeitete engagiert mit und kam täglich mit neuen Ideen und Skizzen. Es wurde uns sehr schnell bewusst, dass ein Versandhaus sehr große, zusammenhängende Flächen benötigt und dass jeder Einbau, gleich welcher Art, ein Hindernis darstellte. Wir fanden die passende Konstruktion mit einem Stützraster von 6/6 m und ich erfand durch gewisse Abstände zwischen den Doppelstützen die Möglichkeit für die vertikale Verteilung von Telefon, Licht und Luft. Die großen Geschossflächen von über 16.000 qm wurden von Fluchtbalkonen umgeben und alle fremden Elemente wie die vertikalen Erschießungen, die Lüftungsstationen und die Sanitärräume wurden außen angehängt.

Mehr und mehr wurde ich auch in die Lehre eingebunden. Schon im Wintersemester nahm mich der Professor zur Vorlesung in den Saal 16 mit. Thema war das Versandhaus in Frankfurt. Er gab eine kurze Einleitung und setzte sich mit den Worten: »Mach du das mal« in die erste Reihe. Ich war für einen Vortrag nicht vorbereitet, doch ich hatte das riesige Projekt, das in der Welt kein Vorbild hatte, im Kopf. Begeistert berichtete ich 1,5 Stunden lang über die Entstehung der ersten Skizzen bis zur Planung im M. 1:200, die gerade als Baugesuch eingereicht worden war. Wegen der Größe des Versandhauses konnte die Einreichung des Baugesuches statt im M. 1:100 im M. 1:200 erfolgen. Der Meister hatte, wie mir schien, seinem gereiften Schüler stolz und zufrieden zugehört und beendete die Vorlesung,

indem er mich als einen seiner Besten vorstellte. (Eine ausführliche Veröffentlichung des Versandhauses gibt es in Baukunst und Werkform, 12/1961.)
Was in dieser Veröffentlichung nicht beschrieben ist, sind zum Beispiel die Planungsgespräche mit Josef Neckermann, die stets am Abend nach 20 Uhr stattfanden. Gelegentlich wurden sie unterbrochen, wenn im Fernsehen über Jagdspringen oder Dressurreiten berichtet wurde. Hatte jemand eine besonders gute Idee, die Neckermann zu seiner eigenen machen wollte, dann legte er ihm stillschweigend eine Mark auf den Tisch. Einmal stand eine wunderschöne italienische Nähmaschine im Besprechungsraum, deren Design mich begeisterte, und ich fragte, ob er diese Maschine in den Versandkatalog aufnehmen werde, denn ich würde gern eine bestellen. Neckermann schrieb sofort meine Adresse auf und sagte, er würde mir eine schicken. Eiermann stieß mich an und meinte, dass Neckermann mir soeben eine Nähmaschine geschenkt habe. Die Nähmaschine kam innerhalb einer Woche, natürlich mit Rechnung.
In einer dieser abendlichen Besprechungen ging es um die Gestaltung der Freianlagen und den Personalzugang. Eiermann wünschte sich, dass im Untergeschoss ein Säulengang eingeschnitten und die parallel laufende, leichte Böschung mit Rosen bepflanzt werden sollte. Er sprach begeistert davon, dass die Menschen, die so zur Arbeit geführt würden, die beste Stimmung zum Arbeitsplatz mitbrächten. Neckermann hörte sich den Vortrag geduldig an und schob zum Leiter seiner Bauabteilung einen Zettel, den dieser lächelnd in die Tasche steckte. Am nächsten Tag fragte ich, was Neckermann auf den Zettel geschrieben habe. »Papierblumen«, war die Antwort, womit die Angelegenheit erledigt war. Ich hatte eine enorm schwierige Aufgabe, denn Eiermann auf der einen Seite war selten zu Kompromissen bereit und nahm gestalterische Abstriche nicht kampflos an. Auf der anderen Seite war Neckermann nicht bereit, bei Zeit und Geld Zugeständnisse zu machen.
Es darf nicht unerwähnt bleiben, dass ich der Firma Kögel bei der Ausschreibung des sehr großen Rohbauauftrags eine Bevorzugung zukom-

Baustelle Versandhaus Neckermann 1959
Egon Eiermann, Herbert Schmitt, Helmut Flieger und Heinz Asendorf (v. l. n. r.)

men ließ. Um zu verhindern, dass sie in eine Absprache verwickelt würde, verabredete ich mit meinem Freund Herbert Kögel, dass die Firma die Unterlagen offiziell erst freitags erhalten sollte. So bestand keine Zeit für eine Meldung beim Bauverband. Am darauffolgenden Montag sollten die Kostenangebote abgegeben werden. Das Ergebnis zeigte, dass mein Bemühen richtig gewesen war, denn Kögel lag mit fast 2 Millionen unter den folgenden Angeboten. Schon einen Tag nach der Submission rief der Chef der Baufirma HOCHTIEF, Herr Dr. Schumann, bei mir an, um sich nach dem Ergebnis zu erkundigen. HOCHTIEF hatte gemeinsam mit Weys und Freytag, Holzmann und Züblin eine Arbeitsgemeinschaft angeboten. Ich erklärte Herrn Dr. Schumann kurz und bündig, dass sein Angebot wohl ungültig sei, denn die Ausschreibung hatte Arbeitsgemeinschaften nicht vorgesehen. Damit erzeugte ich natürlich einen großen Wirbel und die ganze Angelegenheit regelte sich wie folgt: Firma Kögel zog ihr Angebot zurück, die Bauherrschaft war mit dem Angebot der Arbeitsgemeinschaft einverstanden und nun konnte über den Auftrag verhandelt werden.

Mein forsches Auftreten hatte bei Dr. Schumann große Achtung erreicht, denn er baute später mit mir das Teutonenhaus und verschaffte meinem Büro den Auftrag, am Atomkraftwerk Gundremmingen mitzuwirken. Bei der Ausführungsplanung waren viele Probleme zu lösen, die es zuvor an unseren Bauten nicht gegeben hatte. Da war zum Beispiel der Brandschutz für die sehr großen zusammenhängenden Flächen. Auch die sogenannten Feuerschürzen waren ein Thema, weswegen ich zusammen mit Helmut Flieger, dem Leiter der Neckermann-Bauabteilung, zum Landesbrandmeister nach Wiesbaden fahren musste. Dann gab es noch die große Reklameschrift, die von sehr weit zu sehen sein musste. Die Beleuchtung hatte den schwarzen Boden, der das Licht nur wenig reflektierte, zu beachten. Telitanks (Verteilbox für Telefon und Licht) wurden erfunden, Schlauchtrommeln hinter Plexiglas-Dachkuppeln aufgehängt, der Einbau der ersten großen elektronischen Datenverarbeitung, der 7070 von IBM, erstmals in Europa installiert. Die 7070 wurde auf Brauereiwagen mit Sechsergespannen und einer Blaskapelle vom Flughafen Rhein-Main abgeholt und durch Frankfurt in die Hanauer Landstraße transportiert. Wenig später kamen die Ingenieure aus den USA, die zweimal am Tag das weiße Hemd wechselten. Die von uns genau nach IBM-Vorschrift erstellten besonderen Räume, die für Klima, Licht, Akustik und die erstmals gebauten Doppelböden eine besondere Herausforderung gewesen waren, fanden nicht überall die Zustimmung der Amerikaner, mit denen ich mich sofort anlegte. Ich musste jedoch akzeptieren, dass Elektronikkabel mit 3500 Adern, in den USA vorfabriziert, nicht jeden beliebigen Weg nehmen konnten. Wir einigten uns und stießen schnell auf ein neues Problem. Der Maschinenraum hatte gemäß Vorschrift eine allgemeine Beleuchtungsstärke von 500 Lux. Die angrenzenden Progammierräume hatten Oberlichter, die den Räumen bei Sonnenlicht eine Beleuchtung weit über

1000 Lux brachten und den Maschinenraum dunkel erscheinen ließen. Zwischen den Räumen mussten also umgehend Sonnenschutzjalousien eingebaut werden. Wir planten daraufhin erstmals mit Gilsolate (einem besonderen Naturstoff aus den USA) die Einbettung von Fernleitungen. Natürlich ist erwähnenswert, dass sämtliche Transporteinrichtungen, die zum Herz eines Versandhauses gehören, absolute Neuschöpfungen waren.

Versandhaus Neckermann mit Kesselhaus 1960
Architekt Professor Egon Eiermann

Die Planung des Kesselhauses für das Versandhaus ist besonders erwähnenswert. In einer Zeit, in der das Öl die Kohle schon längst abgelöst hatte, planten wir eine voll automatische, mit Koks befeuerte Kesselanlage. Anregung dazu gaben die in der Nähe liegenden Gaswerke der Stadt Frankfurt, deren Gaserzeugung als Abfallprodukt Koks lieferte. Unsere Idee für ein vollautomatisches, Koks befeuertes Heizkraftwerk war eine Weltneuheit. Hierüber wollten wir mit den Herren der Ruhrkohle diskutieren, die gern an den inzwischen berühmt gewordenen Lehrstuhl Eiermann kamen. Die Delegation bestand aus sechs älteren Herren, die mit großer Neugier die TH Karlsruhe aufsuchten. In meinem Besprechungszimmer angekommen, schlug ich eine Tagesordnung vor und da keine Einwände kamen, begann ich mit Punkt eins. Das Gespräch kam nur stockend in Gang, bis einer die Katze mit der Frage

aus dem Sack ließ, wann denn nun der Herr Professor komme. Meine Antwort: Sie müssten schon mit mir vorlieb nehmen, denn Herr Eiermann sei gegenwärtig in den USA, wo er die deutsche Botschaft plane. So musste der junge, 31-jährige Architekt über manche Schwelle steigen, weil damals »Chefarchitekten« wohl im Allgemeinen wesentlich höheren Alters waren. Das Kesselhaus wurde gebaut, tat seine Dienste und heute steht es unter Denkmalschutz.
Der Haupteingang des Versandhauses sollte mit einem sehr großen Vordach überdacht werden. Eiermann schwebte die Form eines mit Stoff gespannten Flugzeugflügels vor. Ich fuhr mit meinem Audi 1000 nach Krefeld zum Segelflugzeugbauer Ahrens, um mir in dessen Werkstatt den Bau von Segelflugzeugen anzusehen. Auf der Fahrt dorthin kam ich in der Abendstunde in dichten Nebel, der vor der Oberkasseler Brücke in Düsseldorf nur noch wenige Meter Sicht ließ. Plötzlich tauchte vor mir die Straßenbahn auf, die ich an den unteren und oberen Lichtern erkannte und rechts neben mir fuhr ein Lkw. Ich gab Vollgas und fuhr wohl mit nur wenigen Zentimetern Abstand nach rechts und links diagonal zwischen Straßenbahn und LKW hindurch. Begleitet vom Gebimmel der Straßenbahn und dem Hupen des LKWs fuhr ich auf die Brücke ganz rechts an den Fußweg und hielt an. Zunächst brauchte ich frische Luft und musste mir den kalten Schweiß aus dem Gesicht wischen. Ein Schutzengel hatte gerade Schlimmes verhindert. In langsamer Fahrt setzte ich meinen Weg nach Krefeld fort und hatte am nächsten Morgen das Gespräch mit Ahrens.
Es interessierte mich, wie ein Flugzeugflügel konstruiert wird und welche Stoffe es für wetterfeste Bespannung gab. Versehen mit diesem Wissen, bauten wir das große Dach und auf Eiermanns Wunsch wurde es mit rotem Stoff bespannt. Später nannte der Meister es »Puffdach« und hätte am liebsten die Farbe geändert.
Niemand wusste, dass ich an der Oberkasseler Brücke haarscharf dem Tod entgangen war. Als ich am Nachmittag aus Krefeld auf die Baustelle nach Frankfurt zurückkam, lief mir zufällig Nico Hariton über den Weg. Er blieb stehen und schaute mich mit großen, erstaunten Augen an: »Wo kommen Sie denn her? Sie leben doch überhaupt nicht mehr!« Mein Schutzengel hatte die Hand in den Sternen. Meine Kollegen bestätigten mir, dass Hariton den ganzen Vormittag vergeblich nach mir gesucht hatte. Sicher hatte er die Sterne befragt, die dieses Mal geirrt hatten. Hariton war ein Meister-Astrologe und auch Neckermann fragte gelegentlich: »Niko, was sagen die Sterne?« Die gaben dann hoffentlich den richtigen Rat.
Ich hatte täglich bei vielen Telefongesprächen permanent wichtige Entscheidungen zu treffen. Als der Meister einmal eine Entscheidung beanstandete, gab ich zur Antwort, dass bei 100 Entscheidungen pro Tag auch einige daneben gehen müssten. (Der vorhandene Schriftwechsel belegt, um wie viele

Details gerungen wurde.) Er wollte den Kontakt stets aufrechterhalten, was aber durch seine häufige Abwesenheit sehr schwirig war. Vor Planänderungen grauste es mir regelrecht, denn hierzu war jeder Eingriff in das Netzwerk des Bauablaufs eine kleine Katastrophe. Unser Schriftwechsel während seiner USA-Aufenthalte wurde oft durch die Tage, die zwischen Frage und Antwort lagen, von der schnell laufenden Baustelle überholt. Einmal schrieb er mir, wir sollten bereits die Türme betonieren, obwohl wir überhaupt noch nicht wussten, wie es oben aussehen sollte. Dennoch erzählte er in den USA, wo die Größe des Versandhauses durchaus auch für amerikanische Verhältnisse beachtet wurde, dass dieses gigantische Gebäude in nur zwei Jahren geplant und realisiert werde. Die Amerikaner meinten hierzu, dass »Germans very crazy« seien, denn in den USA würden zwei Jahre für die Planung und mehr als zwei Jahre für die Realisierung benötigt.

Wir wussten seit Beginn dieses Baus, dass unsere Detailanforderungen Abstriche erfahren würden, und versuchten alles in etwas einfacherer Machart, die der Meister »ruppig« nannte. Nach vielen Monaten härtester Arbeit, in denen das Planungsteam ohne Rücksicht auf Sonn- und Feiertage, ohne auf die Uhr zu schauen, gearbeitet hatte, ging der Bau in die Schlussphase. Das Fassadengestänge, ein wichtiger Bestandteil für die Geländer und die Sonnensegel, wurde montiert. Es war abzusehen, wie alles aussehen könnte. Eiermann kam nach längerer Abwesenheit aus den USA zurück und wir waren in Hochspannung über sein Urteil. Wir fuhren zusammen nach Frankfurt und liefen viele Stunden überall hin, wo es etwas Wichtiges zu sehen gab. Eiermann sprach kein Wort. Es war schwer zu ergründen, was in ihm vorging. Auch auf der Rückfahrt nach Karlsruhe, wo in Graben Lehrstuhl- und Büroangehörige inklusive Damen zum jährlichen Spargelessen auf uns warteten, kein Wort. In Graben sahen wir lauter erwartungsvolle Gesichter, insbesondere mein Team war gespannt, was der Meister sagen würde. Er sagte nur einen Satz: »Wo man hin fasst, fasst man in Scheiße.«

Es war nicht leicht, meine Mannschaft und mich selbst zu motivieren und den Bau mit gleichem Engagement termingerecht und kostengerecht zu Ende zu bringen. Die Einweihungsfeier mussten wir ohne den Meister feiern, der wegen Herzinfarkt nicht kommen konnte, doch ich erhielt ein Telegramm mit seinem herzlichen Dank für die große Leistung. Wir waren von der außerordentlich gut gelungenen, neuen Architektur überzeugt und feierten in diesem Bewusstsein gern das große Fest. Den Abschluss begingen wir bis spät in die Nacht in der Er und Sie-Bar an der Hauptwache. Hier versammelte sich das Planungsteam, dem sich Robert Hilgers mit seiner Frau Maria, Helmut Flieger und das Bauleitungsteam anschlossen. Zu meiner Überraschung wollte mich Maria davon überzeugen, dass ich mit ihrem Mann ein gemeinsames Büro beginnen sollte, denn wir wären doch ein gutes Team, in dem ich der Entwurfsarchitekt sei. Es hatte sich also herum gesprochen, dass ich mein eigenes Büro gründen würde. Nochmals besuchte ich den Meister am Krankenbett, wo er mir im Januar zum Geburtstag gratulierte und mir eine IWC-Armbanduhr schenkte, die ich über 20 Jahre am Arm trug. Nach dem Gespräch mit Maria Hilgers war mir auch klar geworden, dass eine Trennung zwischen Eiermann und Hilgers beschlossene Sache war und sich dies schon längere Zeit abgezeichnet hatte. Nun verstand ich auch das Angebot von Eiermann, mir eine partnerschaftliche Zusammenarbeit und eine Position an der Hochschule anzubieten. Ich hatte mit der Begründung abgelehnt, dass ich aus dem Schatten des großen Architekten zur eigenen Entfaltung heraustreten müsse. Nun stand der Abschied des Schülers von seinem zum väterlichen Freund gewordenen Lehrer an. Ich erzählte nochmals, dass ich mit meinem Freund Georg Kasimir ein Büro gründen werde. Er nahm es scheinbar überhaupt nicht zur Kenntnis. Nach dem Abschied – ich war bereits auf dem Zwischenpodest im Treppenhaus – stand der Meister plötzlich am Geländer: »Selbständig willst du dich machen? Dann mach es, denn du hast das Zeug dazu.« So konnte nur ein väterlicher Freund reagieren und wenn es noch so schwer fiel. Es stellte sich heraus, dass Eiermann seinen Schüler nie aus den Augen verloren hatte. Doch zunächst war ich urlaubsreif. Rastlos fuhr ich mit dem Auto von der Provence nach Italien. Am Meer war es mir zu laut und ich suchte eine ruhigere Gegend in Österreich. Auch dort konnte ich keine innere Ruhe finden und suchte Abwechslung in Paris. Das Riesenbauwerk hatte mich an die Grenzen meiner psychischen Möglichkeiten gebracht und ich fand erst wieder zu mir zurück, als mich Georg Kasimir mit der Bitte anrief, doch endlich ins gemeinsame Büro zu kommen.

Erste eigene Arbeiten

Wohn- und Geschäftshaus Frank-Bosch in Pforzheim 1957   Haus Dr. Stark Karlsruhe 1959

Erste eigene Arbeiten entstanden durch Aufträge von Bekannten. Ich arbeitete auch privat ganz so wie im Büro meines Lehrers. So war es nicht verwunderlich, dass meine Arbeiten den Lehrer erkennen ließen. Erstmals bekannt wurde ich durch die nationale und internationale Veröffentlichung des Hauses Haulick in Pforzheim. Es folgten die Wohn- und Geschäftshäuser für die Familien Frank und Bosch in der Bleichstraße, Pforzheim. Die Ausführungspläne für diese Bauvorhaben bearbeitete ich gemeinsam mit meinem Freund Georg Kasimir. 1955 stellte ich mich erstmals gemeinsam mit Georg bei einem öffentlichen Wettbewerb für den Neubau des Landesarbeitsamts in Frankfurt vor. Wir erhielten den dritten Preis mit einem Preisgeld von 12.000 DM. 1957 zeichnete ich eine Werkhalle und ein freistehendes Einfamilienhaus für einen Unternehmer. Alle Gebäude waren in Sichtmauerwerk aus Kalksandsteinen geplant. Der Unternehmer erstellte die Gebäude in Eigenarbeit und weil er sich nicht

ERSTE EIGENE ARBEITEN

genau an meine Zeichnungen hielt, legte ich die Bauleitung nieder, was zur Baueinstellung führte. 1958 folgte ein Lagergebäude der Firma Peter Beuscher, woraus eine langjährige Zusammenarbeit entstand.

Im gleichen Jahr begann ich, die Familie von Dr. Konrad und Christa Stark zu betreuen. Es entstand in Karlsruhe-Waldstadt eines der ersten Wohnhäuser mit Arztpraxis in Sichtmauerwerk nach 1945 und wurde zum Besichtigungsort für die Architekturfakultät. Mein Mitarbeiter war Gerhard Dunkase, der nach Abgabe seiner Diplomarbeit später in meinem Büro arbeitete. Das Haus Stark wurde ein Generationenhaus, das durch Anbau Platz für sieben Kinder und den Großvater schaffte. Es erwies sich als sehr vorteilhaft, dass der Hauseingang über einen Windfang einerseits das Wohnhaus und andererseits die ehemalige Praxis erschloss. Hierdurch war es ohne Umbau möglich, das Wohnhaus nach Auszug aller Kinder der Familie einem der Söhne zu überlassen und den zweiten Teil zu einem schönen Altenteil zu gestalten.

Nachdem Georg Kasimir als Assistent an den Lehrstuhl von Professor Hasenpflug an die TH München ging, blieb der freundschaftliche Kontakt mit der Familie erhalten. Trotz der geografischen Trennung kam es erneut zu einem gemeinsamen Wettbewerb für den Neubau des Pforzheimer Rathauses, der den zweiten Preis erhielt und mit einem späteren Überarbeitungsauftrag verbunden war.

Gründung des Architekturbüros Schmitt und Kasimir

Durch meine Bekanntschaft mit der Geschäftsleitung der Merkur-Warenhäuser wurde ich gefragt, ob ich die Planung für einen Warenhausneubau in Moers übernehmen wollte. Parallel hierzu könnte ich in Büderich bei Düsseldorf Landhäuser für zwei Direktoren planen.
Dies war die Grundlage für ein eigenes Büro. Ich fragte Georg Kasimir, ob er erneut mit mir zusammenarbeiten wolle, und nachdem er hierzu Bereitschaft erklärte, trafen wir uns auf halbem Weg in einer Autobahnraststätte, wo auf eine Serviette das Ergebnis einer kurzen Besprechung notiert wurde:
1. Auf Vorschlag von Georg Kasimir soll das Büro Schmitt und Kasimir heißen.
2. Bürositz soll auf Wunsch von Herbert Schmitt Karlsruhe sein.
3. Jeder Partner hat im Lauf eines Jahres vier Wochen Urlaub.
4. Der Gewinn wird 50:50 geteilt. Diese Abmachung, durch Handschlag besiegelt, hielt ohne weiteren Vertrag bis zur Vergrößerung der Partnerschaft in Schmitt, Kasimir und Partner (SKP) im Jahr 1982.
Als Büro mieteten wir zwei Räume in einem Altbau in der Amalienstraße an und engagierten Gisela Benoit als Sekretärin und Theo Ambos als Mitarbeiter. Die offizielle Bürogründung war am 1.10.1960.
Zu der gewohnten Tätigkeit, Bauwerke zu entwerfen und baureif zu planen, kam die ordentliche Buchhaltung für ein Architekturbüro. Weder ich noch mein Freund Georg verfügten über Kenntnisse in kaufmännischen Dingen und Buchhaltung und überließen diese Tätigkeit unserer außerordentlich tüchtigen Sekretärin.
Die Planung der ersten eigenen Bauten machte viel Freude. Ich hielt permanent Kontakt zu unseren Auftraggebern. Der Bauherr Fritz Müller, dem wir die Vermittlung des ersten Warenhausauftrags verdankten, hatte sehr genaue Vorstellungen, wie sein Haus in Büderich aussehen sollte. Vorbild war sein Nürnberger Haus, das er wegen des Umzugs in die Hauptverwaltung Horten nach Düsseldorf aufgeben musste. Wir bauten einen erdgeschossigen Mauerwerksbau mit Flachdach, weiß geschlämmtem Sichtmauerwerk und einem Dachrand aus fast weißen Beton-Fertigteilen. Als Wandschmuck im überdachten Teil einer großen Terrasse ließen wir von Gerhard Köhler, einem Schüler von HAP Grieshaber, ein Wandbild anfertigen.
Es wurde mir sehr schnell bewusst, dass die Arbeit an einem Bauwerk nur gelingen kann, wenn Bauherr und Architekt vertrauensvoll zusammenarbeiten. Die verschiedenen Vorstellungen, wie Menschen leben möchten, äußerten sich auch bei unseren ersten Wohnhäusern. Parallel zum erdgeschossigen

Bungalow mit Flachdach wurde für den Bauherrn Hille ein Haus mit Satteldach geplant. Auch hier wurde die Fassade aus weiß geschlämmtem Sichtmauerwerk gebaut. Die Bauherrin – wegen häufiger Abwesenheit des Mannes oft allein –, war sehr ängstlich. Sie wollte einen Polizeinotruf geschaltet haben. Die Alternative hierzu war ein Signalhorn auf dem Dach, das wesentlich preisgünstiger war und deshalb auch realisiert wurde. An der Planung des Schlafzimmers saß ich einmal bis morgens um vier Uhr im Hotelzimmer des Breidenbacher Hofs mit der Bauherrschaft. Getrennte Schlafzimmer sollte es nicht geben, aber es musste vorgesorgt werden, damit der zu sehr unterschiedlichen Nachtstunden von Geschäftsreisen zurückkehrende Ehemann die schlafende Ehefrau nicht stören würde. Die wirtschaftlichste Variante, die auch realisiert wurde, war ein schwerer Vorhang, der auf einen Spiegel zulief und den Blickkontakt beim Erwachen gestattete.

Ganz anders verlief die Arbeit an unserem ersten Warenhaus in Moers. Der Bauherr Horten wollte, dass eine Fassade erfunden würde, die er für alle seine Kaufhäuser in der Republik einheitlich als Corporate Identity verwenden konnte. Parallel zu uns arbeiteten an dieser Aufgabe die Architekten Eiermann und Hilgers, Rohde und Partner, Löbermann sowie Hentrich und Petschnick. Wir, die Jüngsten in der genannten Reihe, entwickelten schließlich eine Fassade aus Beton-Fertigteilen, die in Moers realisiert wurde (veröffentlicht in DBZ, 6/1966).

Alle Beteiligten konnten das erste Warenhaus mit Umgängen, das Eiermann in Reutlingen gebaut hatte, als Vorbild nehmen. Eiermann stellte in einer Vorlesung den Keramikstein, den er für das Warenhaus Horten in Stuttgart entworfen hatte, mit der Bemerkung vor, dass man Vorhänge auch wechseln bzw. sogar wieder entfernen könne. Nun entstanden Fassadenvorhänge, die licht- und luftdurchlässig sowie wetterfest sein sollten. Helmut Horten hatte die Wahl und entschied sich für den von Hentrich und Petschnick vorgeschlagenen Stein. Die Hortenfassade mit Keramikvorhang war geboren und wurde vom Firmenchef für alle Warenhaus-Neubauten vorgeschrieben. Wir bezeichneten das als Fassadendiktat und wirkten dennoch an weiteren Bauten mit, denn Warenhäuser hatten ein erprobtes Raumprogramm und standen

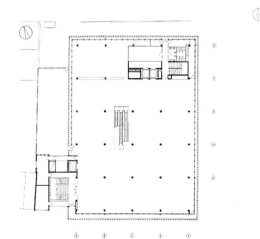

Grundriss mit Umgängen und vorgesetzter Fassade
Merkur in Moers 1962

Merkur Moers vor der Eröffnung
Bauleiter Axel Burg, die Architekten Herbert Schmitt und Georg Kasimir (v. l. n. r.)

Kaufhaus Merkur in Moers
Fassade mit Beton-Fertigteilen. 1962

stets unter hohem Zeitdruck. Hier wurde schnell Geld verdient, was die Möglichkeit ergab, andere Bauten mit erhöhter Sorgfalt bis ins kleinste Detail zu planen und ständig an Wettbewerben teilzunehmen, genau nach Eiermanns Vorbild.

Horten kümmerte sich in der Entwicklungsphase um jeden Neubau persönlich. Zum ersten Gesprächstermin mit ihm kam ich aus Karlsruhe und Georg aus München, wo er gelegentlich noch tätig war. Wir trafen uns in einem Hotel in Düsseldorf. Georg hatte die Krawatte vergessen, die am nächsten Morgen noch auf der »KÖ« zu beschaffen war. Pünktlich trafen wir uns in der Hauptverwaltung und hatten überraschenderweise beide die gleiche Krawatte umgebunden. Das zeigte unsere Übereinstimmung in gestalterischen Dingen, was aber hier in dieser Weise fehl am Platze war. Es war nicht mehr zu ändern. Die Tür öffnete sich, der modebewusste Kaufhauschef Horten kam uns entgegen und wir spürten, wie er uns mit Kennerblick – der an den Krawatten hängenblieb – musterte. Schnell klärte ich ihn mit der Bemerkung auf: »Das ist unsere Bürokrawatte.« Er verstand diesen Spaß und ging ohne Umschweife auf unser gemeinsames Thema ein. Mit den Plänen im M. 1:100 schien er das Gefühl zu haben, dass alle Bereiche eher zu klein seien. Später klärte uns der Leiter der Bauabteilung, Herr

Schütz, auf und eröffnete uns, dass Herr Horten den M. 1:50 gewohnt sei. Fortan bedienten wir ihn zu seiner höchsten Zufriedenheit mit diesem Maßstab.

Helmut Horten überwachte mitunter seine Baustellen selbst, denn er war noch ein richtiger Bauherr. An einem Samstag, als ich noch allein auf der Baustelle war, sah ich einen Rolls-Royce vorfahren und Horten, der allein unterwegs gewesen war, aussteigen. Ich ging ihm entgegen und bot meine Baustellenführung an. Meine Begleitung nahm er an, aber Führung lehnte er mit den Worten ab, dass er seine Baustellen genau kenne.

1962 wurde das Kaufhaus Merkur termingerecht übergeben und nun hatte unser Architekturbüro keinen großen Auftrag mehr. Da erschien es wie ein Wunder, als Herr Eckelmann, der zuständig für die Einleitung neuer Projekte war, sich mit der Frage meldete, ob wir noch Anfang Dezember zu einem Termin nach Düsseldorf kommen könnten. Ein großer Auftrag für ein neues Warenhaus in Oldenburg wartete auf uns.

Ab sofort hatten wir das Fassadendiktat zu beachten und uns für die Genehmigung bei den Behörden einzusetzen. Der Baugrund in Oldenburg war problematisch, weshalb man dort von der Häusing spricht, was einen Mindestabstand von Gebäude zu Gebäude bedeutet.

Das Haus in Oldenburg beschäftigte uns viele Jahre durch Erweiterung und Bau eines Parkhauses mit Brückenverbindung zum Kaufhaus.

Kaufhaus Horten in Oldenburg mit Brückenverbindung zum Parkhaus. 1963-1967

Die Kaufhäuser

Kaufhausprojekte begleiteten uns immer wieder. Bereits nach Fertigstellung des ersten Bauabschnitts von Horten in Oldenburg erhielten wir den Auftrag für die Planung eines Warenhauses in der Krefelder City. Da mir Krefeld durch die Mitarbeit bei Eiermann bekannt war, freute ich mich über diesen Auftrag ganz besonders, denn wir hatten das Vertrauen erworben, um mit großen Neubauten in besonderer

Kaufhaus Horten in Kempten. 1972. Gebäudeansicht gegenüber der Residenz

DIE KAUFHÄUSER

Einweihung des Kaufhauses Horten in Kempten. 1972
Karlheinz Schütz/Bauabteilung Horten ,Vorstandsvorsitzender der Horten AG Garsoffsky, die Architekten Schmitt und Kasimir, Gäste (v. l. n. r.)

Erweiterung des Kaufhauses Horten durch kleinmaßstäblichen Anbau in der Gerbergasse. 1998

Lage betraut zu werden. Auf uns nicht näher bekannten Wegen kam der in Krefeld geborene Prof. Hentrich bei Horten ins Gespräch. Helmut Horten war mit dem Auftragswechsel einverstanden. Dies war mit der Bedingung verbunden, dass wir den Auftrag zurückgeben und kein Ehrengerichtsverfahren gegen den Kollegen vom Bund deutscher Architekten (BDA) wegen unkollegialen Verhaltens einleiten würden.
Wir wurden entschädigt mit der Planung eines Neubaus in Kempten auf einem Grundstück gegenüber der unter Denkmalschutz stehenden Fürstäbtlichen Residenz. Die Planungsarbeit erwies sich als äußerst schwierig, zumal Herr Horten auf seiner Keramikfassade bestand. Mit verschiedenen Modellen versuchten wir eine neutrale Zone zwischen Residenz und Warenhaus einzufügen. Zweimal war ich mit diesem Anliegen bei der obersten Baubehörde in München und fand in Prof. Sepp Ruf, einem Eiermann-Freund, schließlich einen Helfer. Daraufhin erreichte ich bei Horten, dass die Fassade des Kaufhauses wegen der besseren Maßstäblichkeit in Abschnitte unterteilt werden konnte.
Erst 1998, die Horten AG war inzwischen von Kaufhof übernommen worden, konnten wir der kleinmaßstäblichen Bebauung an der Gerberstraße ein maßstäbliches Gegenüber planen und realisieren.
Als Helmut Horten aus der Firma geschieden war, fiel das Fassadendiktat, der bekannte Horten-Stein musste jedoch im Spiel bleiben. Wir planten ein weiteres Kaufhaus in Schwäbisch Gmünd und hat-

Kaufhaus Horten in Schwäbisch-Gmünd. 1977

Erweiterung Kaufhaus Horten in Pforzheim von 1977 mit neuer Fassade

ten in einem Fassadengutachten neue Wege aufgezeigt, die wir nun selbst beschreiben durften. Den Umgang-Fassaden mit der zweiten Ebene wurde eine gegliederte Fassade mit offenen und geschlossenen Flächen vorgesetzt. Der Horten-Stein war nur noch Füllkörper. Endlich fiel die Maßstabslosigkeit und es waren wieder Geschosse ablesbar.

Zwei Wochen vor der Eröffnung äußerte die Geschäftsleitung den Wunsch, der Stadt ein Geschenk zu machen. Ich schlug einen kleinen Brunnen vor, den ich nun im Eiltempo entwarf und auch realisierte: Ein alter Mühlstein, auf einen runden Sockel gestellt und von einem mit weißem Kies gefüllten Wasserbecken umgeben, war pünktlich zur Einweihung fertiggestellt. Vermutlich machten sich »Lausbuben« am Tag der Einweihung einen Spaß daraus, mit Waschpulver einen riesigen Schaumberg zu erzeugen.

1976/77 planten wir auch den Umbau und die Erweiterung des Kaufhauses Horten in Pforzheim. Die städtebauliche Neuordnung im Bereich des Kaufhauses bildete die Grundlage für die Planung. In mehrjährigen Verhandlungen mit der Pforzheimer Stadtplanung konnten wir eine Fußgänger-Unterführung an der Zerrennerstraße und einen Aufgang unter einem Hortengebäude zum Platz an der Brüderstraße verwirklichen, der nun Bauland für einen Pavillon werden konnte. Die Verbindung zur Galerie des Kaufhauses erfolgte über eine Freitreppe. Die vorhandene mangelhafte Tiefgarage an der Ecke Brüderstraße/Blu-

DIE KAUFHÄUSER

menstraße wurde zugunsten der Rathausgarage von Horten aufgegeben. Hierdurch konnte der Fußgängerbereich erweitert werden und es entstand das Baugelände für die Warenhauserweiterung. Wenn es um die Erhöhung von Verkaufsflächen ging, übernahm die Horten AG hohe Zusatzkosten. Auch bei dieser Baumaßnahme erfolgte der Fassadenbau nach dem Schwäbisch Gmünder Vorbild. Zur Verbesserung der Gesprächsatmosphäre ließ ich mich sogar von Karlheinz Schütz beim gemeinsamen Essen zu sauren Kutteln überreden, die ich aus tiefstem Herzen verabscheue.

Fortan sprachen wir im Büro von Warenhausreparaturen, wenn wir an Planungen von Warenhäusern beteiligt wurden, die unter dem Fassadendiktat entstanden waren. Einen ganz besonderen Auftrag erhielten wir für das durch die Karlsruher Altstadtsanierung entstandene Baugrundstück Ecke Fritz-Erler-Straße/Kaiserstraße. Hier sollte ein Haus mit 12.000 qm Verkaufsfläche entstehen. Endlich sollte ein Warenhaus mit großem Innenhof, gekreuzten Rolltreppen und einer besonderen Fassade gebaut werden. Unser Entwurf umfasste alles, was zu jener Zeit von einer modernen Einkaufstätte zu erwarten war. In gutem Einvernehmen mit den städtischen Ämtern stand der positive Entscheid der eingereichten Bauvoranfrage bevor. In diesem Moment kam vom Vorstand der Horten AG die Anweisung, dass wir das Verfahren abbrechen sollten. Die neuste Marktanalyse habe ergeben, dass die Stadt ein weiteres Warenhaus dieser Größenordnung nicht verkraften könne. Diese und ähnliche Situationen erlebten wir mehrfach und konnten dazu nur sagen: »Die Hälfte seines Lebens zeichnet der Architekt vergebens.«

Mit besonderem Interesse bearbeitete ich 1981 eine Erweiterung meines 1956 geplanten Merkur-Hauses in Pirmasens. Durch den Bau der Schlosstreppe, einer großen Freitreppenanlage, schaffte die Stadt eine eindrucksvolle Verbindung zwischen Haupt- und Schloßstraße. Hierdurch entstand zwischen dem Kaufhaus und der Treppenanlage neues Baugelände, das für eine Kaufhauserweiterung genutzt wurde. Endlich konnte ich, befreit von Hortens damaliger Festlegung, meine eigene Vorstellung einer Naturstein-Fassade durchsetzen. Als Kontrast zum Naturstein baute ich einen mehrgeschossigen Rundbau mit Metall-Glas-Fassade.

Erweiterung Kaufhaus Merkur in Pirmasens. 1983

Die kollegiale Zusammenarbeit mit Josef Wittmann, die beim Bau des Merkur-Hauses in Pirmasens begann, konnte auch in der Hauptverwaltung in Düsseldorf fortgeführt werden, wo er für Bauabrechnung und Architektenhonorare zuständig war. Auch mit Horst Budzinski, der die Abteilung Bauplanung leitete, war die Zusammenarbeit kollegial. Wir kamen immer wieder mit Vorschlägen, die er wegen des strengen Rahmens, den Helmut Horten gesetzt hatte, abweisen musste. Freundlich vertröstete er uns, dass es vielleicht beim nächsten Projekt klappen könnte.

Die Keramikvorhänge begannen unter den Witterungseinflüssen stark zu leiden und Erneuerungen waren unumgänglich. Unter diesem Druck veranstaltete die Horten-Bauabteilung zwei Architektenwettbewerbe, die wir beide gewannen. In Wiesbaden zeigte die Vorhangfassade insbesondere an den Gebäudeecken Spannungsrisse und die beteiligten Kollegen sahen die Lösung dieses Problems in der Schaffung vollkommen neuer Fassaden. Ich vertrat die Auffassung, dass es den »Tätern« nicht erlaubt sei, nach wenigen Jahren so radikal zu verfahren, und löste das Problem auf andere Weise. Die in der Gebäudeecke entstandene, besondere Spannungsbelastung entfernte ich durch Öffnung der Ecke. Diese wurde nun durch eine abgestufte Glaskonstruktion ersetzt. Die Gebäudeecken gestalten den Straßenraum in besonderem Maße und so trat das Kaufhaus in Wiesbaden mit völlig neuem Charme in die Stadtlandschaft.

In Hannover standen wir einer vollkommen anderen Herausforderung gegenüber. Auf Anregung des Stadtplanungsamts veranstaltete die Horten-Bauabteilung einen Wettbewerb für die beabsichtigte Erweiterung. Der von den Architekten Rhode und

Umbau Kaufhaus Horten in Wiesbaden. 1986 mit Fassadenänderung

Partner geplante Altbau war für neue Abteilungen umzubauen und für die Erweiterung war eine städtebauliche Lösung erwünscht. Der Wettbewerb wurde von SKP gewonnen und der vorgelegte Entwurf realisiert. Durch den Bau eines Turms mit Stahl-Glas-Fassade erhielt das Umfeld des Kaufhauses die gewünschte städtebauliche Aufwertung. Über diese Gestaltungsfreiheit, die Jahre zuvor noch nicht abzusehen gewesen war, herrschte freudige Überraschung.

1988–1989 folgten die »Reparaturen« in Stuttgart und Heidelberg. An beiden Häusern waren bereits Auffangnetze angebracht worden, um herabfallende Teile der Keramiksteine aufzufangen. In Heidelberg übernahmen wir wichtige Bestandteile der Eiermann-Fassade, die in Stahlprofilen entlang der Geschossdecken und der Gebäudeecken bestanden. Schadlos gebliebene Eiermann-Füllkörper aus weißer Keramik bewahrten wir für Fassadenteile, die der Witterung weniger ausgesetzt waren. Wir gingen mit dem letzten Warenhaus, das unser Meister gebaut hatte, ganz besonders sorgfältig um. Die große Fassadenfläche am Bismarckplatz gliederten wir durch ein großes Vordach und den vorgesetzten Bau eines besonders gestalteten Aufzugs, der Besucher direkt zum Restaurant bringt. Was bei Horten unvorstellbar gewesen wäre, setzten wir mit einer Glasfassade um, deren Konstruktion ich in Eiermanns Auftrag für das Warenhaus Merkur in Heilbronn (Bauen + Wohnen, 3/1952) entwickelt hatte.

In Stuttgart waren die von Eiermann entworfenen, sehr dünnwandigen Keramiksteine insgesamt nicht mehr zu verwenden und wurden abgebrochen. Einen Stein habe ich als Andenken bewahrt und später dem Institut für Städtebau und Bau-

Erweiterung Kaufhaus Horten in Hannover 1991 durch Anbau mit Stahl-Glas-Fassade

Umbau Kaufhaus Horten in Heidelberg 1989 mit Neugestaltung der Fassade am Bismarckplatz

geschichte übereignet. Schon in den Fünfzigerjahren habe ich an den ersten Entwürfen für den Umbau des Mendelson-Baus mitgearbeitet und wollte unbedingt das schöne Treppenhaus erhalten. Ich wurde sogar nach Mailand geschickt, um eine neue Fassade mit schwenkbaren Sonnenschutz-Lamellen zu studieren. Von dieser Möglichkeit hat später das Kaufhaus Breuninger in Stuttgart Gebrauch gemacht. Die Entwicklung lief unter Beachtung der Wünsche von Helmut Horten dann vollkommen anders und ich bin im Nachhinein sehr froh, dass ich damit nichts mehr zu tun hatte. Die Planung der neuen Fassade gestaltete sich äußerst schwierig, zumal ein Karlsruher Architekt zu jener Zeit in Stuttgart überhaupt nicht willkommen war. Selbst unser oberster Baubeamter, Herr Ministerialdirektor Fecker, besuchte mich im Büro, um zwischen uns und dem Stuttgarter Bauausschuss zu vermitteln. Wir taten das Beste, was damals in der Horten AG möglich war, und es zeigt sich noch heute der Unterschied zwischen der von Rhode & Partner gebauten und erhalten gebliebenen Fassade (Hortensteine in Leichtmetall) und der von uns geplanten Alternative mit ablesbaren Geschossen und Maßstäblichkeit. Die Presse zeigte sich zufrieden mit der Veränderung. Mit einer Reihe kleinerer Aufträge durch die Kaufhof-Bauabteilung endete unsere Kaufhaus-Tätigkeit.

Bauaufgaben verschiedenster Art

1963 beauftragte uns das Karlsruher Hochschulbauamt mit der Ausführungsplanung und Bauleitung für den Neubau der Chemischen Institute mit Hörsaalgebäude für die TH Karlsruhe. Der Entwurf beachtete das Fertigteilsystem von Prof. Dr. Utescher, das wir zusammen mit unserem Betreuer, Baurat Meinhard Büche, weiterentwickelten.
Dank des besonderen Engagements unseres Mitarbeiters Rolf Blanke, eines weiteren Eiermann-Schülers, trat zu unserer Planungskompetenz nun noch Höchstleistung in Ausschreibung, Vergabe und Abrechnung hinzu. An der Baustelle wurde im Takt gebaut: Aufstellung der Stützen, Verlegen der Unterzüge, Verlegen der Deckenkassetten, Montage der Umgänge, Verlegen der Armierung und Betonieren. Es fehlte nur noch ein

Das Fertigteilsystem Prof. Dr-Ing. Utescher beim Bau der chemischen Institute der TH Karlsruhe. 1964

Zeltdach über der Baustelle, und ein Traum aus Studententagen wäre in Erfüllung gegangen. Unsere Vorstellung, Bauten aus vorfabrizierten Teilen unter ähnlichen Bedingungen wie in einer Fabrik zu errichten, unabhängig von Wetter und Jahreszeiten, haben sich nicht realisieren lassen.
Die erste Finanzkrise in Baden-Württemberg Mitte der Sechzigerjahre führte zu Einstellungen vieler Baustellen. Auch dem 40-Millionen-Projekt Chemische Institute drohte das Aus. Wir wussten den Baustopp durch den Nachweis dadurch entstehender höherer Kosten abzuwenden, wovon sich Ministerpräsident Kiesinger persönlich vor Ort überzeugte.
Nach Rohbaufertigstellung der zwei Hochhäuser und des Flachbaus wurde ein ordentliches Richtfest gefeiert. Die Fortsetzung erfolgte für S+K im Papa-Club in der Kaiserpassage. Gastkünstler an diesem Abend war unter anderem ein italienisches Ballett. Wir waren in bester Laune und gegen Mitternacht waren alle Ballerinen Gäste an unserem Tisch. Schließlich kassierte der Kellner um Mitternacht eine Teilrechnung, die meine gesamte Barschaft betrug. Wir wollten weiterfeiern und mir wurde vorgeschlagen, die Chefin des Etablissements im Büro aufzusuchen, um einen Kredit von 1000 DM zu

erbitten. Ich erhielt die Kreditzusage mit der Bedingung, bis 12 Uhr am nächsten Tag einen Scheck vorbeizubringen. Das Fest dauerte noch mindestens bis 3 Uhr und ich wachte am Samstagvormittag mit enormem Kater gegen 11 Uhr auf. Sofort fiel mir mein Versprechen ein und ich fuhr ins Büro, stellte einen Scheck aus und begab mich in die hinteren Räume des Papa-Clubs zur Scheckablieferung. Sehr freundlich empfing mich die stadtbekannte, korpulente Clubbesitzerin. Wir nahmen auf einem Sofa Platz und nachdem die Dame eng an mich heranrückte, wollte sie ein Likörchen mit mir trinken. Sie sah mich wohlgefällig mit ihren stark geschminkten Augen an und eröffnete mir, dass sie schon in der Nacht bemerkt hätte, was ich für ein unheimlich netter Mann sei. Mich ergriff echte Panik, ich verabschiedete mich wegen wichtiger Termine und verschwand, so schnell ich konnte. Am folgenden Montag war das Nachfest im Papa-Club noch Gesprächsthema im Büro und ich stellte fest, was mir alles entgangen war. Rolf Blanke behauptete, dass Axel Modersohn auf das Trampolin gesprungen sei, um Kunststücke vorzuführen. Modersohn widersprach unter allgemeinem Gelächter und wollte das Gegenteil beweisen, denn die Saalordner hätten Blanke vom Trampolin geholt, weil er die Schuhe nicht ausgezogen hatte. Das belegte, dass wir wohl allesamt sehr angeheitert gewesen waren.

Kernkraftwerk in Gundremmingen. 1963-66

BAUAUFGABEN VERSCHIEDENSTER ART

Einer unserer ersten Auftraggeber war Herr Dr. Schumann von HOCHTIEF, der mich beim Versandhausbau kennengelernt hatte. Mit ihm als »Alter Herr« der Burschenschaft Teutonia planten wir ein Studentenhaus in der Karlsruher Parkstraße und er beteiligte uns an der Gestaltung der Hochbauten des Kernkraftwerks in Gundremmingen.
Das Kernkraftwerk war in der Lage, eine Stadt wie Stuttgart mit Strom zu versorgen. Für die Gestaltung der Hochbauten konnten wir unser gesamtes Wissen über vorfabrizierte Betonteile anwenden und erweitern. Die Bauherren waren die RWE AG und die Bayernwerke. Als Architekten mussten wir uns mit dem Leiter der RWE-Bauabteilung, Dr.-Ing. Börnke, auseinandersetzen. Börnke wollte aus Gründen der Wirtschaftlichkeit für die Gesamtanlage maximal zwei Glasabmessungen. Sehr schwer folgte er meiner Vorstellung, dass das große kubische Maschinenhaus als starken Kontrast eine graphitgraue Oberfläche erhalten müsse, was ich für die Entflechtung der Gebäudezusammenballung für erforderlich hielt (Architektur + Werkform, 1/1967; ac 48 Internationale Asbestzement; DBZ, 4/1967 und industrieBAU, 8/1966). Börnke schien diese Idee später doch zu gefallen, denn der graphitgraue Mittelpunkt wurde ohne unsere Mitwirkung auch bei weiteren Kraftwerken wiederholt.
Mit der Gestaltung der Freianlagen, also der Einbindung des Kraftwerks in die Landschaft, wurde Professor Seyfahrt – auch Autostraßen-Seyfahrt genannt – beauftragt. Er hatte gerade in Österreich eine berühmte Landschaftsstraße nach seinen Plänen gestaltet. Im Baubüro ließ ich einen großen Gesamtlageplan an die Wand heften und versammelte das Planungsteam, um den Professor vorzustellen und ein erstes Gespräch mit ihm zu führen. Herr Seyfahrt erzählte uns von biologisch gedüngtem Gemüse und was man ohne Bedenken essen und trinken könne – damals eine Zukunftsvision. Die Zeit verging und er hatte den Lageplan noch mit keinem Blick beachtet. Meinen Hinweis darauf wehrte er mit der Bitte ab, dass wir ihm alle erforderlichen Unterlagen zuschicken sollten, er würde sich dann melden. Auch beim gemeinsamen Mittagessen gab er mir den Rat, wegen der Chemikalien auf keinen Fall schwarzen Johannisbeersaft zu trinken, sondern eher Bier wegen des ausgezeichneten bayerischen Brauwassers.

In den Sechzigerjahren wurde im Büro S+K jede freie Planungspause zur Beteiligung an öffentlichen Wettbewerben genutzt und so wurden in dieser Zeit viele Preise und Ankäufe errungen.
1963 begann eine viele Jahre anhaltende Zusammenarbeit mit Kurt Beuscher, für dessen Firma ich bereits früher kleine Bauten entworfen hatte. Die Firma Beuscher war ein Großhändler für Hohlglas und Geschenkartikel. Nun sollten in der Durmersheimer Straße in Karlsruhe ein zweigeschossiges Lager und ein Bürohaus mit großem Ausstellungsraum entstehen.

Immer am Beginn eines neuen Jahres gab es ein Gespräch über weitere Baumaßnahmen. Bei guter Beratung muss nicht jedes Problem durch Bau oder Umbau gelöst werden. So sollte einmal der Vorhof des besagten Lagers in der Durmersheimer Straße vollständig überdacht werden, damit die Kunden von der Ausstellung trockenen Fußes zur Abholrampe gelangen könnten. Der Bau des Dachs hätte hohe Kosten verursacht und deshalb folgte der Bauherr meinem Rat und schaffte für seine Kunden Regenschirme an, die im Eingangsbereich einen ständigen Platz fanden.

Einen weiteren Auftrag erhielten wir für ein Lagerhaus in Leonberg. Der Baugrund war wenig tragfähig, was zu einem besonderen Entwurf führte, zumal Beuscher auf einen stützenfreien Lagerraum von mindestens 40/40 m bestand. Da nicht vorauszusehen war, welche Abmessungen das Lagergut zukünftig haben würde, wären tragende Stützen hinderlich gewesen. Mit meinem Freund, dem Bauingenieur Lothar Schwarzwälder, wurde ein die gesamte Fläche überspannender Dreigurtbinder geplant, der wegen des schlechten Baugrunds lediglich nur zwei Fundamente erforderte, die durch Bodenaustausch möglich waren (e+p 5, 6/1964; DBZ 10/1970).

links: Fa. Beuscher Verwaltung und Lagergebäude in Karlsruhe 1963 | Mitte: Lagerhalle der Fa. Beuscher in Leonberg 1969. Stahkkonstruktion überspannt die Fläche von 40/40 m | rechts: Lagergebäude der Fa. Beuscher in Leonberg, Teilansicht

Als wir die Mitteilung erhielten, dass der große Dreigurtbinder bei der Stahlbaufirma in Heilbronn probeweise aufgebaut sei, fuhr ich mit Lothar zur Besichtigung und Klärung letzter Details nach Heilbronn. Zum Mittagessen hatte er im Alten Rentamt in Schwaigern zwei Plätze für uns reservieren lassen. Die Montage der Stahlkonstruktion hatte uns die Zeit vergessen lassen und wir kamen mit großer

Verspätung ins Restaurant. Die Küche war längst geschlossen und es gab für uns einen besonders guten Laib Brot und zwei Flaschen vorzüglichen Riesling vom Weingut des Grafen von Neipperg. Ich erwähne dieses Essen besonders, denn es war das schönste gemeinsame Essen, das wir je hatten. Nachdem Brot und Wein verkostet waren, fuhren wir fröhlich nach Hause.
1970 zählte unser Büro 25 Mitarbeiter und in den Räumen der Hirschstraße 35a herrschte große Platznot. Gerade hatten wir uns am internationalen Architektenwettbewerb für die Bebauung der Karlsruher Altstadt beteiligt. Unsere Arbeit belegte den 20. Rang, der angesichts renommierter internationaler Beteiligung mit weit über 300 Arbeiten anerkennenswert war. Ich suchte mit Georg neue Räume, die wir in der Leopoldstraße 2b in nächster Nähe fanden. Schnell entschlossen kauften wir den schönen Altbau aus dem Jahr 1885. Es ist sicher erwähnenswert, dass gerade Architekten die gute Atmosphäre und Raumabmessungen von Altbauten für ihre Büros schätzen.
Nach einem schnell aufgestellten Plan wurden mit großer Behutsamkeit Umbau- und Renovierungsarbeiten an diesem unter Denkmalschutz stehenden Gebäude durchgeführt. Die Organisation des Umzugs nahm ich selbst in die Hände und wir schafften es, ihn an einem Tag durchzuführen, um allen Mitarbeiterinnen und Mitarbeitern für den nächsten Tag die Fortführung ihrer Arbeit zu ermöglichen. Neben dem Sekretariat befand sich das Zimmer von Schmitt und Kasimir. Hier traf ich mich mit Georg am Morgen, um die Post zu lesen und zu verteilen, hier besprachen wir das Wesentliche für den Tag, hierher kam unsere Sekretärin und informierte über Personalangelegenheiten, denn sie war für unser Büro mehr wert als jeder Betriebsrat. Unseren Tisch verließen wir, um jeder irgendwo im Büro an einem Zeichentisch Platz zu nehmen und aktiv an der Entwurfsarbeit mitzuarbeiten.
Zeit und Geld drängten uns, endlich über Standarddetails nachzudenken. Bei uns wurde genauso gearbeitet, wie wir dies bei Eiermann erlebt hatten. Die Dinge wurden so lange geändert, bis es nichts mehr zu ändern gab. Etwas Neues wurde erst erfunden, wenn am vorhandenen Guten nichts mehr zu verbessern war. Das Thema Standarddetail blieb bei uns Wunschdenken, denn der dafür vorgesehene Platz in einem der Planschränke zeigte nach Jahren lediglich eine Zeichnung.
Zusammen mit unserem Mitarbeiter Dipl.-Ing Hans-Georg Freitag bewarben wir uns für den Bau einer Fabrikationshalle, die in Heidelberg für Borg-Warner-Stieber geplant werden sollte, denn Vater Freitag war dort Direktor. Zum Auftragsgespräch kam der Big Boss aus den USA, der in Deutschland noch nicht gebaut hatte und auch keine Vorstellung über die Honorierung von Architektenleistungen hatte. Wir betonten, dass es über das Honorar nicht viel zu verhandeln gebe, denn unser Berufsstand hätte eine Gebührenordnung, die für uns verbindlich sei. Nachdem wir vorgetragen hatten, wie die einzelnen Leistungsphasen zu bewerten seien, kamen wir schnell zum Schluss. Der Herr aus den USA

hatte für die GOA (Gebührenordnung für Architekten) überhaupt kein Verständnis; wir bedankten uns für das Gespräch und verabschiedeten uns. Im Hof angekommen, ging im ersten OG ein Fenster auf und ein Herr der Geschäftsleitung bat uns, doch noch einmal heraufzukommen. Inzwischen hatten die Deutschen aus der Geschäftsleitung ihrem Boss aus den USA klargemacht, dass wir nichts Unmögliches vorgetragen hätten. Wir kamen dann sehr schnell zu einem annehmbaren Ergebnis, das ich mit meinem Schulenglisch so gut es ging als das grüne Licht für den Beginn unserer Zusammenarbeit bezeichnete. Es entstand eine sehr schöne Fabrikationshalle, die der Boss aus den USA bei seiner Einweihungsrede im Holiday Inn hoch lobte: Zunächst hätte Heidelberg in die USA geschaut, doch nun würden die USA nach Heidelberg schauen auf Arbeitsstätten, die die US-amerikanischen weit übertreffen. Nach gemeinsamem Essen schaute er pünktlich um 14 Uhr auf seine Armbanduhr und beendete das Fest mit den Worten: »Let us work again.« Andere Länder, andere Sitten!
Eine neue Bauaufgabe in Form von Rechenzentren tat sich in Lahr und Sigmaringen für uns auf. Trotz gleichen Programms und gleicher Bauart waren dennoch wesentliche Unterschiede durch den Zuschnitt des Baugrundstücks, die Topographie und die Beachtung verschiedener Bausubstanz zu beachten. In unseren Einweihungsreden betonten wir übereinstimmend – Georg in Lahr und ich in Sigmaringen –: »Trotz aller Bescheidenheit sollte Architektur entstehen in der Partnerschaft von Planenden und Entscheidenden. Leider wird von dieser Partnerschaft von der Allgemeinheit wenig Notiz genommen. Glaubt man der öffentlichen oder veröffentlichten Meinung, so ist es meist der Architekt, der für die Architektur verantwortlich ist, insbesondere wenn Hässliches entstanden ist. Es kommt aber auch vor, dass ein besonders geglücktes Bauwerk, insbesondere wenn damit politischer Erfolg verbunden ist, ganz allein dem Bauherrn zugeschrieben wird. Hier behaupten Schmitt und Kasimir, dass gute Architektur nur durch die echte Partnerschaft zwischen Architekt und Bauherr entstehen kann, denn der Wille nach guter Gestaltung muss von allen Beteiligten getragen werden.«
Eine besondere Erwähnung verdient unser Mitarbeiter Dipl.-Ing. Rolf Blanke, der 1982 zum Partner wurde. Er entwickelte die Abteilung Bauvorbereitung und Baudurchführung exemplarisch, was dazu führte, dass ich Vorstandsvorsitzender der Genta (Genossenschaft für die Entwicklung und Anwendung von Arbeitsmitteln im Architekturbüro) wurde. Rolf Blanke versetzte unser Büro in die Lage, mit eigenen Ausschreibungstexten, die sogar die Bauverwaltung des Landes anerkannte, zu arbeiten. Es klingt abenteuerlich, wie wir in den Siebzigerjahren die Ausschreibungen auf Lochstreifen geschrieben, in der Nacht über Telefonplotter zur Datel nach Westberlin schickten, die hieraus in wenigen Stunden die Leistungsverzeichnisse druckten. Die vervielfältigten Unterlagen wurden am folgenden Vormittag vom Flughafen Tempelhof nach Rhein-Main gesandt und dort abgeholt, sodass interes-

sierte Bauunternehmen die Ausschreibungsunterlagen noch am selben Tag bei uns abholen konnten. Schon früh beachteten wir die Elemente Zeit und Geld gleichberechtigt neben Funktion, Konstruktion und Gestalt, was sicher mit zum Erfolg unseres Büros beitrug.

Der große Aufschwung nach dem Krieg führte zu überhitzter Bautätigkeit und damit zu Engpässen auf dem Arbeitsmarkt. Auch bei Architekten entstand Personalmangel. Da gab es einerseits die Einstellung eines iranischen Kollegen, der genau wusste, dass er in einem halben Jahr den Militärdienst antreten musste, es aber verschwieg und damit unsere Personaldisposition stark störte. Andererseits gab es Anfänger, deren Ansprüche kaum zu befriedigen gewesen sind. Ein junger Architekt, der gerade seine Diplomarbeit abgegeben hatte, bewarb sich bei uns um eine Einstiegsstelle. Als die Gehaltsfrage gestellt wurde, belegte er seine Vorstellungen mit folgenden Tatsachen: 1. Er wird in zwei Wochen heiraten. 2. Er habe Hausrat auf Raten bestellt. 3. Für einen VW Käfer stehe er in Verhandlung und natürlich müsse auch noch etwas zum Leben bleiben. Das alles zusammen ergab eine Gehaltsvorstellung, die unsere Möglichkeiten weit überstieg. Ich versprach ihm, dass er bei uns eine gute Weiterbildung erhalten werde, aber seine Forderungen mindestens für 1–2 Jahre stark reduzieren müsse. Als Alternative nannte ich ihm, ins boomende Ruhrgebiet zu gehen und dort zum Beispiel in einer Fensterbaufabrik zu arbeiten, wo tagein, tagaus die gleiche Arbeit von Angebotsbearbeitung auf ihn wartet. Hier könne er ein relativ hohes Gehalt erhalten, aber nicht Architekt werden. Er ging und wir haben ihn nie wieder gesehen.
Der Personalmangel führte in unserem Büro Mitte der Sechzigerjahre zur Einstellung der ersten Frauen, denn weibliche Fachkräfte waren zu dieser Zeit noch nicht selbstverständlich. Wie vorauszusehen war, wurden nach einem Jahr gleich drei Kinder von unseren Mitarbeiterinnen geboren. Dieser natürliche Vorgang, der andere an der Einstellung von Frauen hinderte, war für uns kein Anlass mehr, auf Architektinnen zu verzichten. Die Anzahl der Frauen nahm zu und ein Jahrzehnt später bestand unsere Belegschaft zu mindestens 50% aus Frauen. Das war eine Entwicklung, die sich auch an den Hochschulen abzeichnete. Frauen stehen ihren männlichen Kollegen in nichts nach und sind sogar oft engagierter. Ich denke da beispielsweise an Wettbewerbsnächte und die Zähheit der Kolleginnen. Hier fällt mir Hella Paul ein, die wahrscheinlich durch autogenes Training selbst nach Mitternacht immer wieder erneuert an den Zeichentisch kam. Für unser Büro war die frühzeitige Einbeziehung von Kolleginnen ein Vorteil.
Nun trat die Stadt Weinheim mit uns in Kontakt. Es bestand der Wunsch, ein großes Kulturzentrum zu schaffen, das Theater, Stadtbibliothek, Vortragssäle, Volkshochschule, einen Supermarkt und eine

BAUAUFGABEN VERSCHIEDENSTER ART

Erweiterung der Stadthalle in Weinheim 1975 durch dreiseitige Umbauung des Altbaus

Bahnhof Hockenheim 1985

zweigeschossige Tiefgarage umfassen sollte. Die Immobiliengesellschaft J.G. Schneider erteilte uns den Planungsauftrag mit der Forderung, auch zahlreiche Wohnungen in das Programm aufzunehmen. Als der Vorentwurf fertig war, stellten wir die erste Honorar-Abschlagsrechnung in Höhe von 40.000 DM. Der Bauträger verweigerte die Bezahlung, obwohl er einen rechtsgültigen Vertrag unterschrieben hatte. Und so gingen wir erstmals gegen einen Auftraggeber vor Gericht. Auch Oberbürgermeister Gieselmann wurde als Zeuge geladen. Wir gewannen den Prozess, doch den Bauträger, der angeblich mit schwarzem Köfferchen in Richtung Kanada verschwunden war, sahen wir nie wieder. Die Stadt Weinheim hingegen blieb uns mit dem Auftrag für die Erweiterung der Stadthalle treu, die wir 1975 durchführten.

Unser Freund, der Bildhauer Ernst Simon, hatte von der Bundesbahn den Auftrag erhalten, den Lärmschutz entlang einer Schnellfahrtrasse zu gestalten. Den anliegenden Bahnhof Hockenheim bearbeiteten wir als Architekten. Mit dem Neubau der Strecke Mannheim–Stuttgart der DB wurde in Hockenheim ein Empfangs- und Stellwerksgebäude als Verknüpfungsbahnhof zwischen Rheintalbahn und Neubautrasse erforderlich. Der neue Bahnhof ersetzte den bisherigen, der durch die geänderte Streckenführung aufgegeben wurde. Die Antwort auf die freistehende, etwas überhöhte Lage am Stadtrand sind die Übereckstellung des turmartigen Stellwerks, die Rundung der verglasten Empfangshalle und die raumgreifende

BAUAUFGABEN VERSCHIEDENSTER ART 59

Auflösung der Einzelkörper. Von verschiedenen Standorten wechseln Silhouette und Durchblicke. Die Vielfalt der Gestaltungselemente verbindet die straffe Detailbehandlung sowie die Farb- und Materialwahl (Werk, bauen + wohnen, 10/1988; Ausstellung und Katalog »Klassiker und Klassizismen« Badischer Kunstverein).

Für einen weiteren Bahnhof an der Neubaustrecke in Vaihingen/Enz wurde ein Architektenwettbewerb veranstaltet. Unsere Arbeit wurde mit dem ersten Preis ausgezeichnet und der Auftrag erteilt. Ein Bahnhof besteht nicht nur aus Funktion und Technik, nicht nur aus der Erfüllung von Sicherheitsvorschriften und Erfordernissen genialer, technischer Erfindungen – er wird gebaut für Menschen, nicht nur für Reisende, und wird damit auch Teil der Stadt und des Stadtraums mitsamt seiner Bewohner. Wie können solche Erwartungen erfüllt werden? Unsere Vorstellungen vom Aussehen eines Bahnhofs speisen sich aus Kindheitserinnerungen an schöne, große oder kleine

Bahnhof Vaihingen/Enz 1991

Bahnhöfe, die noch im 19. Jahrhundert oder Anfang des 20. Jahrhunderts gebaut wurden. Seitdem hat sich fast alles geändert: von den Fahrkarten, die man aus Automaten zieht, bis zur hochentwickelten Technik, die ganz andere Reisegeschwindigkeiten erlaubt – nur Gleise gibt es heute wie damals. So sollte dieser Bahnhof ein typisches Erscheinungsbild erhalten.

Der Hochgeschwindigkeitsverkehr begann mit dem Sommerfahrplan 1991. Damit wurde auch die Neubaustrecke Mannheim–Stuttgart in Betrieb genommen und der Bahnhof Vaihingen/Enz seiner Bestimmung übergeben (db deutsche bauzeitung, 11/1988, 12/1990; Badische Zeitung 06.06.1991 (Kultur) »Die Bahn sucht Anschluss an den Zug der Zeit« von Michael Andritzky).

In unserem Büro erfolgte die Koordination für die Werkbund-Häuser in der ehemaligen Karlsruher Altstadt. Georg kümmerte sich gemeinsam mit Gerd Gassmann, der die Ausführung des Hauses Kölmel übernahm, um unseren Beitrag. Unweit davon plante ich für meinen Freund Gunter Müller ein Studentenhaus an der Kapellenstraße. Die einmalige Chance neuer städtebaulicher Möglichkeiten, die sich durch den Verbund dieser drei zusammenhängenden Grundstücke zwischen Brunnen- und

Vogelbräu Karlsruhe 1985
Gaststätte (oben) und Biergarten (links)

Kapellenstraße ergab, wurde genutzt. Die Baulücke in der Kapellenstraße wurde geschlossen. Eine Passage verbindet nun die Straßen über einen Innenhof (Biergärten). Aus der überdachten Passage ist auf der einen Seite die Gaststätte Vogelbräu und auf der anderen Seite eine Galerie erschlossen. Vom ersten bis zum vierten Obergeschoss wurden in jeder Etage zwei Gemeinschaftswohnungen für Studenten gebaut. Die der Straßenkrümmung folgende Fassade hat eine Oberfläche aus orange-gelben Klinkern, deren Farbe mit den vorhandenen Altbauten sorgfältig abgestimmt ist. Die Hoffassade, zugleich Kulisse für den Biergarten, habe ich mit dem gleichen Material gebaut, jedoch durch einen vorgezogenen Treppenturm gegliedert, wodurch Gebäudeabschnitte entstanden sind, die dem Maßstab der vorhandenen Bebauung entsprechen. Das Element »Grün« wurde sowohl auf dem Dach des erdgeschossigen Vorbaus an der Gartenseite als auch im Biergarten beachtet. Auch das in einem halbrunden Vorbau sichtbare Treppenhaus erhielt ein Rankgerüst, um zuzuwachsen.

Herr Vogel hatte gerade die Braumeisterprüfung in Weihenstephan bestanden und war mit der Idee, eine »Ein-Mann-Brauerei« zu gründen, nach Karlsruhe gekommen. Dank der neu geschaffenen Atmosphäre entstand mit dem Vogelbräu ein neuer innerstädtischer Treffpunkt, der sich bis heute gehalten hat. In der Passage wurde eine Wand mit der von Irmeltraud Appel-Bregler gestalteten Hommage an die ehemalige Altstadt versehen. In einer Gebäudenische an der Gartenseite hat Hans Peter Reuter einen Brunnen gestaltet. Es lag nun nahe, die neue Passage wegen der Verbindung von Galerie, Kunst und der Nähe zum benachbarten Künstlerhaus »Künstlerpassage« zu nennen.

Im Zusammenhang mit dieser Planung ist mir die Vorstellung des Projekts bei der Beratungsstelle der OFD (Oberfinanzdirektion Karlsruhe) mit dem Kollegen Biedermann in Erinnerung geblieben, der mich fragte, wann ich zuletzt für Studenten geplant hätte. Grund dieser Frage waren die sanitären Einrichtungen, die ich streng nach Damen und Herren getrennt hatte, was keine besondere Rolle mehr spielte. Hier waren vereinfachte und kostensparende Lösungen möglich geworden. Da spürte ich erstmals den Unterschied der Generationen (db, 5/1987; Architektur in Baden-Württemberg seit 1980, ausgezeichnet mit der Hugo-Häring-Plakette 1987).

Nach den Jahren des Wiederaufbaus und den vielen Neubauten in der BRD folgten ab den Siebzigerjahren vermehrt Umbauten und Erneuerungen. Den ersten größeren Umbauauftrag erhielten wir von der Landeskreditbank in Karlsruhe 1985. Der Altbau aus den Fünfzigerjahren entstand nach Plänen des Architekten Blomeier. Die Fassade steht unter Denkmalschutz. Innerhalb des Gebäudes war eine generelle Umstrukturierung erforderlich geworden, so wurden zum Beispiel alle zum Zirkel orientierten Räume wegen der Lärmbelastung durch das sehr hohe Verkehrsaufkommen zum Innenhof hin verlegt. Der Hauptzugang am Schlossplatz, die Halle sowie alle Büro- und Sonderräume waren neu zu gestalten. Insgesamt entstand durch den Innenausbau eine helle und freundliche Atmosphäre. Mehrfach ermunterte mich der Chef, Herr Präsident Schöck, dass wir auch einen Innenarchitekten beauftragen könnten, den er besonders für seinen Geschäftsbereich wünschte. Als Eiermann-Schüler akzeptierte ich lange die Aufteilung in Bau-, Innen- und Gartenarchitekten nicht. Für mich ist ein Bau ein Gesamtwerk, was ich auch Herrn Schöck gegenüber betont habe. Er gab nach, erinnerte mich aber zugleich an meine Gesamtverantwortung. Die Planung für seinen Arbeitsraum mit Nebenräumen und einem kleinen Besprechungsraum hatte ich mir vorbehalten und selbst gezeichnet. Hier war die Hand des Eiermann-Schülers nicht zu übersehen. Herr Schöck bezog die Räume und ich hörte einige Wochen nichts, bis er mir eines Tages am Telefon sagte, dass er sehr glücklich in seinen neuen Räumen sei und sich ganz besonders bei mir für die geschaffene, schöne Atmosphäre bedanken möchte. Sehr bald nach diesem erfreulichen Gespräch erfuhr ich, dass Herr Schöck an jenem Tag Besuch von seiner alten Freundin, Frau Innenarchitektin Prof. Hertha Maria Witzemann, hatte, die ihm wohl die Schönheit der Räume bestätigt hatte.

Herbert Schmitt und Georg Kasimir mit Mitarbeitern und Mitarbeiterinnen auf der ausfahrbaren Tribüne in der Mehrzweckhalle Karlsruhe-Rintheim 1981

Das Verhältnis zu Herrn Schöck blieb sehr gut, sodass er mich auf seinen 60. Geburtstag in das Hotel Zeppelin nach Stuttgart einlud. Ich erschien im grauen Flanell mit einem Buch über Architektur und war hoch erstaunt, unter den schwarz gekleideten Herren den Ministerpräsidenten und das gesamte Kabinett sowie zahlreiche Landtagsabgeordnete zu sehen. Schnell arbeitete ich mich zur Sektbar durch und stand dort einem ebenfalls in Grau gekleideten Herrn gegenüber. Er stellte fest, dass ich wohl auch kein Politiker sei und fragte nach meinem Beruf. Ich gab mich zu erkennen und fragte danach, was er beruflich mache. Er sei Weinbauer und auf meine weitere Frage, wo sein Wein wachse, nannte er die Heilbronner Gegend. Da gab ich zu verstehen, dass mir nur die ausgezeichneten Weine des Grafen Neipperg in den Kopf kamen und er bestätigte mit freundlichem Lächeln: »Ja, der bin ich.« Es folgte ein längeres Gespräch über Architektur und Weinbau, dann machten wir uns beide auf den Heimweg.

Das Architekturbüro Schmitt und Kasimir entwickelte sich gut weiter und hatte Anfang der Achtzigerjahre einen Bestand von rund 35 Mitarbeiterinnen und Mitarbeitern. Ich hatte von Eiermann gehört, dass ein Architekt 10 Mitarbeiter permanent im Auge behalten kann; mehr sollten es nicht werden. Diese Belastung spürten auch wir und beschlossen, Verträge mit Partnern zu schließen, wobei wir feststellten, dass es zwischen Schmitt und Kasimir über 20 Jahre hinweg als Vertrag nur einen Handschlag gegeben hatte. Unser erster Partner wurde der langjährige Mitarbeiter Rolf Blanke, der bereits erwähnt wurde. Unser Büro änderte 1982 den Namen in Schmitt, Kasimir und Partner (SKP).

Teilansicht der Betriebsverwaltung Murgtal der Badenwerk AG 1989

Leider ereilte Rolf nur 3 Jahre später bei einer Bergwanderung mit seinem Sohn ein viel zu plötzlicher Tod. Der Verlust war für SKP niemals zu ersetzen. Es folgte, von 1985 bis 1996 Dipl.-Ing. Sepp Eckert, ab 1989 meine Tochter Susanne, 1992–2001 Dipl.-Ing Jörg Völzer und für das Zweigbüro in Potsdam 1995–1998 Dipl.-Ing. Frank Groger. Architektur vollzieht sich im Team, deshalb sind unsere zahlreichen Mitarbeiter und Mitarbeiterinnen und insbesondere die Partner immer auf die eine oder andere Weise am Erfolg beteiligt.

Mit Herrn Dr.-Ing. Klüber übernahm ein Bauingenieur die Bauabteilung der Badenwerk AG in Karlsruhe, der moderner Architektur in seinem Unternehmen zum Durchbruch verhelfen wollte. Er erteilte uns den Auftrag für den Neubau der Betriebsverwaltung Murgtal in Ettlingen, die wir von 1988–89 mit großer Unterstützung von Klüber und seinen engsten Mitarbeitern realisierten. In Ettlingen war ich zugleich dem ehemaligen Oberbürgermeister Dr. Vetter verpflichtet, dem ich gute Architektur versprochen hatte, falls ich einmal in Ettlingen bauen sollte. Die Zusammenarbeit verlief sehr vertrauensvoll und es gab Folgeaufträge wie zum Beispiel den Neubau des Informationszentrums im Rheinhafen, den Susanne übernommen hatte. Nun stand die Erneuerung des gesamten Rheinhafengeländes mit Verwaltung, Fahrzeughof, Zentralwerkstatt, Zentrallager und Sozialgebäude an. Aufgrund des enormen Bauumfangs veranstaltete das Badenwerk für diese Baumaßnahme einen beschränkten Architektenwettbewerb, den wir samt dem schönen und interessanten Auftrag gewannen. Wir planten das 100-Millionen-Projekt bis einschließlich Baueingabe und hatten bereits das Sozialgebäude erstellt, da kam es wegen totaler Veränderung im Energiebereich zum Stopp und bald danach zur Einstellung der Arbeit an der neuen Infrastruktur des Badenwerks im Bereich Rheinhafen. Für uns wurde die Chance zunichtegemacht, ein exemplarisches Industrieensemble zu errichten – eine Architektur aus einem Guss mit guten Materialien und feinabgestimmten Proportionen. Unsere Zusammenarbeit endete mit Umbau und Sanierung des unter Denkmalschutz stehenden Marie-Luise-Kromer-Hauses in Titisee in den Jahren 1997–1998.

Die Wirtschaftswunderjahre und der enorme Wiederaufbau hatten die Architekten in die vorderste Linie der begehrten Berufe gebracht. Langsam schien alles gebaut zu sein und man brauchte uns weniger. So ist es an der Zeit, auch einmal kurz über die Leiden des Berufsstandes der Architekten zu berichten. In den Aufbaujahren behandelten viele Architekten all die Dinge, die das Leben bot, nachrangig. Unsere Berufung hatte Vorrang. Oft arbeiteten wir bis an die Grenzen unserer physischen Belastbarkeit und leisteten unseren Beitrag zum Wiederaufbau. Viele Pläne wanderten in den Papierkorb und wir waren bemüht, so lange zu verbessern, bis es scheinbar nichts mehr zu verbessern gab. Bei Eiermann hatte ich gelernt, dass Architekten Generalisten sind. Doch plötzlich müssen wir mit Bauentwicklern, Bauträgern, Generalunternehmer und so weiter arbeiten. Innenarchitekten und Freiflächenplaner haben sich inzwischen durchgesetzt. Die Ökonomie, die wir gleichberechtigt mit Funktion, Konstruktion und Gestalt gesetzt hatten, spielt inzwischen eine immer größere Rolle. Wettbewerbe werden mit Schwerpunkt auf Wirtschaftlichkeit ausgeschrieben. Die Erlangung eines ersten Preises garantiert noch lange nicht die Auftragserteilung. Die Bauherren scheinen auszusterben. Die Bewerbungsverfahren werden mehr und mehr undurchsichtig. Allein schon zum Gespräch eingeladen zu werden, ist mit einem Preis früherer Wettbewerbe gleichzusetzen. Man wird von Karlsruhe nach Freiburg eingeladen und trotzdem erhält jedes Mal ein Freiburger den Auftrag. Auftraggeber lassen sich beraten, obwohl der Auftragnehmer bereits feststeht. Die ehemals haltbaren Bindungen zwischen Bauherrschaft und Architekt gehen immer mehr verloren. In größeren Unternehmungen ändert sich die Zusammensetzung des Vorstands und dann spielt es keine Rolle mehr, wer der Architekt war, der einen Wettbewerb gewonnen und ein exemplarisches Gebäude mit beliebten Arbeitsplätzen übergeben hat. Der Austausch des Architekten wird mit dem lapidaren Satz begründet: »Wir haben ganz einfach mal die Pferde gewechselt.« Das ist ganz so, als würde man einer Mutter das Kind wegnehmen, denn ich bezeichne meine Bauten schon immer als meine steinernen Kinder.

In Philippsburg bauten wir in einem langen Optimierungsprozess eine Sonderschule, die Susanne liebevoll in schöner Zusammenarbeit mit der Schulleitung gestaltete. Anschließend erweiterten wir die von uns nicht gebaute Grund- und Hauptschule mit einem erdgeschossigen Anbau. Über 20 Jahre hinweg betreuten wir die Stadt Philippsburg. Es kam zum Wechsel des Bürgermeisters, der unser Erdgeschoß durch eine Aufstockung erweitert haben wollte. Hier wurden die von uns entwickelten Details in die Hände eines anderen Architekten gegeben mit der Begründung, dass hierdurch ein Prozess mit ihm verhindert werden könne. Grund zum Prozessieren hätten wir gehabt, verzichteten aber darauf.

Am Wettbewerb für das Landesmuseum für Technik und Arbeit in Mannheim nahmen wir nicht teil. Prof. Ingeborg Kuhler erhielt den ersten Preis und den Planungsauftrag. Der Kollegin wollte die Landesbauverwaltung ein in Großbauten erfahrenes Architekturbüro zur Seite stellen und wir wurden gefragt, ob wir bereit wären, die Projektsteuerung, Bauvorbereitung und Bauleitung zu übernehmen. Ich saß Georg in der morgendlichen Sitzung gegenüber und war mir ganz sicher, dass ich mich an dieser Aufgabe nicht beteiligen wollte. Frau Kuhler war Georg aus dem dwb bekannt und er meinte, dass er wahrscheinlich gut mit ihr zusammenarbeiten könne. Es blieb dabei und obwohl wir den Auftrag

links: Eingangshalle der Sonderschule in Philippsburg 1985 |
oben: Für die Einweihungsfeier möbliert

übernahmen, hielt ich mich weitestgehend heraus und überließ Georg das Feld allein. Er übernahm unseren Part mit einem Team von mehr als zehn Mitarbeitern samt unserem Oberbauleiter Fritz Kutschera. Wie bei fast allen großen Bauvorhaben ging es auch hier baubegleitend immer ums Geld. Das Bauwerk gelang, hatte Georg jedoch sehr viel Nervenkraft gekostet, was ich im Stillen vorausgesehen hatte.

Wir wurden mit weiteren Aufträgen vom Land Baden-Württemberg belohnt und arbeiteten mit dem Hochschulbauamt beim Bau der Fakultät für Informatik, dem Allgemeinen Verfügungszentrum und den Umweltwissenschaften im Bereich der Universität zusammen. Der Auftrag von AVG (Allgemeines Verfügungszentrum der Universität Karlsruhe) und FZU (Forschungszentrum Umweltwissenschaften) ging an den Generalunternehmer HOCHTIEF. Es sprach für die Planung, Bauvorbereitung und die Bauleitung von SKP, dass die Baukosten von 35 Millionen DM ohne Nachträge eingehalten wurden.

Mit Begeisterung fuhr ich die tollen Citroën Autos wie den ID und den DS, die lediglich für eine Zeit vom RO 80 unterbrochen wurden. Von der Firma Ungeheuer Automobile GmbH, die auf den Verkauf von BMW spezialisiert sind, erhielten wir den Auftrag, in der Scheffelstraße ein Verkaufshaus »Automobil und Freizeit« zu planen. Nun konnte ich nicht länger bei meinem Bauherrn mit dem Citroën

BAUAUFGABEN VERSCHIEDENSTER ART

Blick in den Eingangsbereich des Allgemeinen Verfügungszentrums der Universität Karlsruhe 1997

vorfahren und entschloss mich, auf einen BMW umzusteigen. Ich kaufte zugleich das teuerste Auto, das ich mir je angeschafft hatte: einen BMW 628 Coupé. Die Arbeit mit unserem neuen Bauherrn verlief vertrauensvoll. Entgegen der Vorgaben von Ungeheuer Automobile war für mich zunächst die städtebauliche Einbindung wichtig. Der Straßenraum der Scheffelstraße wurde erweitert und mit einer Baumreihe gestaltet. Durch die Anordnung des Uhrtürmchens in der Achse der Goethestraße wurde eine unverwechselbare städtebauliche Situation geschaffen. Bei meiner Einweihungsrede hatte ich – entsprechend Herrn Ungeheuers Wunsch – ein Zeichen für die Inbetriebnahme der Uhr zu geben und ausgerechnet das hatte ich vergessen. Nach meiner Rede nahm ich wieder neben Bürgermeister Prof. Dr. Seiler Platz, der mir einen Zettel zuschob mit dem Text: »Sie sind ein exzellenter Architekt, aber ein miserabler Redner. Die Rede war viel zu lang.« Gerne habe ich mich daran erinnert, insbesondere im Umgang mit dem späteren Oberbürgermeister.

Mein Freund Dr. Karlheinz Henge ist inzwischen Vorstandsvorsitzender der Badenia Bausparkasse geworden. Wir hatten für die LBS vertrauensvoll miteinander gearbeitet und den wunderschönen LBS Pavillon gebaut. Nun kam eine neue Bauaufgabe auf uns zu, der ich mich von Anfang an verantwortlich widmete. Der Hauptsitz des Unternehmens sollte einen Neubau in Karlsruhe bekommen. Als Grundstück stand eine große Wiese in Oberreut in der Nähe der L302 zur Verfügung, zu dessen Erwerb auch ich geraten hatte. Das Bauwerk gab den Anstoß für die Bebauung rund um den späteren Badeniaplatz.

Der Bausparkassen-Neubau bildet die Ostwand des Platzes. Unserem Auftrag, hochwirtschaftlich zu planen, wurden wir mit einer einfachen Baukonstruktion und der Verwendung von Fertigteilen gerecht. Wir ließen sogar Teile in einer Feldfabrik vor Ort anfertigen. Unsere Vorstellung war, dass es einer Bausparkasse gut stehen würde, mit einem Schuss Bescheidenheit dennoch etwas Besonderes zu realisieren. Viele redeten vom ökologischen Bauen, aber kaum noch jemand handelte konsequent. SKP arbeitete seit 25 Jahren in einem Altbau aus dem Jahr 1885, der die Räume im Sommer kühler als in den meisten Neubauten und im Winter angenehm warm hält. Hiervon etwas in das Bauen einzubringen war mein Anliegen, das zu einem Katalog ökologischer Ansätzen führte, dessen Kernpunkte ich aufzählen möchte:

1. Verwendung von natürlichen, recyclebaren Baustoffen in monolithischer Bauweise
2. Betondecken als Speichermasse
3. Sonnenschutz vor der Fassade, um Hitzestau zu vermeiden
4. Weitestgehend natürliche Belüftung und Belichtung
5. Flachdächer mit Begrünung
6. Bau einer Regenwasserzisterne
7. Keine Verwendung von Risikomaterial

Eine den Bau begleitende Baubiologin hat uns bei der Materialauswahl beraten und einen hohen ökologischen Maßstab angelegt.

Der Bauherr unterstützte uns bei der Verfolgung unseres Grundsatzes: So viel Technik wie nötig und so wenig wie möglich, was keine Verteufelung der Technik ist, sondern eine Frage der Ökonomie – ja, eine Frage der Menschlichkeit. Auch das ist in mir aus Eiermanns Lehre fest verankert. Wir standen bei diesem Bau mit unseren Vorsätzen noch am Anfang, aber es war ein Schritt in die richtige Richtung.

Insgesamt waren wir so wirtschaftlich, dass es im Bereich der Eingangshalle auch »etwas mehr« sein durfte. Hier entstanden nach einem Wettbewerb ein über 100 qm großes Wandbild der Künstlerin Katharina Zipser (München) und eine Akustik, die Konzerte ermöglichte.

oben: Nord-West-Ansicht des Geschäftshauses der Badenia Bausparkasse in Karlsruhe 1994 | unten links: Blick in den Innenhof | unten rechts: Teilansicht Eingangshalle

links: Eingangsvorplatz der Badenia Bausparkasse | rechts: Teilansicht Eingangshalle

BAUAUFGABEN VERSCHIEDENSTER ART

Es ist nicht unbedingt einfacher, mit einem Freund zu bauen. Er ist der Bauherr, hat die Bauaufgabe formuliert sowie den Kostenrahmen festgelegt und in diesem Fall war es auch nicht auszuschließen, dass er eigene Vorstellungen hatte. Hieraus ist zu erkennen, dass Architektur weder vom Bauherrn noch vom Architekten allein geschaffen wird. Im besten Fall verstehen sich beide Seiten, streiten konstruktiv und vertrauen sich. Nur so kann es gelingen. Karlheinz Henge blieb mir ein Freund und öffnete mir die Halle für die Ausstellung »40 Jahre Architektur in Deutschland«, dargestellt an SKP-Bauten, anlässlich meines 75. Geburtstags. Bei seiner Begrüßungsrede erwähnte er unsere gute Zusammenarbeit und dass bei der Realisierung des Neubaus die Baukosten um 10 Millionen DM unterschritten sowie der Neubau auf den Tag genau gemäß Terminplan übergeben wurde.

Krematorium der Stadt Karlsruhe 1994

Die Stadt Karlsruhe beauftragte uns 1994 mit der Planung für den Neubau eines Krematoriums auf dem Hauptfriedhof. Diesen Auftrag erhielten wir, weil bekannt war, dass wir im Umgang mit Technik umfangreiche Erfahrungen hatten und die Funktion des Gebäudes in eine angemessene Architektursprache übersetzen würden.

Die Verbindung zum Meister bleibt bis zu seinem Tod bestehen

Obwohl ich mich beruflich von Eiermann getrennt hatte, ist unsere Verbindung dennoch nie abgerissen. Im Wintersemester 1960/61 übernahm ich für den erkrankten Meister einige Vorlesungen, die die Planung des Versandhauses Neckermann zum Thema hatten. Als ich zu seinem 61. Geburtstag spontan nach Baden-Baden fuhr, um zu gratulieren, hat er sich sehr gefreut und mich zum Bleiben eingeladen. Beim Abschied fragte er mich, ob ich wirklich nur zum Gratulieren nach Baden-Baden gekommen sei. Als ich dies bejahte, war seine Freude über meinen Besuch noch größer.
Er hatte Flugangst und so erklärt es sich, dass er ohne Einleitung bei einer Begegnung in der Riefstahlstraße in die Tasche griff, um ein Pillendöschen herauszunehmen und mir freudig türkisfarbene Tabletten zeigte, die endlich das Fliegen zur Freude machten. »Da nehme ich eine vor dem Einsteigen ins Flugzeug und nun ist alles in Ordnung«.
Eiermann war aber nicht nur ein herausragender Architekt, sondern auch ein sehr begabter Zeichner. Die wunderschönen, zwischen Abitur und Beginn des Architekturstudiums an der TH Berlin entstandenen Zeichnungen verdanken ihre Erhaltung dem glücklichen Zufall, dass sie sein Studienfreund Hermann Zweigenthal als Emigrant in den Dreißigerjahren in die USA mitnahm. Eiermanns Freude über die nach Jahrzehnten zurückgekehrten Blätter war Anlass für ihre Herausgabe im Sommer 1969. Ich bin sehr froh, ein Exemplar zu besitzen.

Wenn ich für das Büro S+K neue Mitarbeiter suchte, fand ich diese oft beim Anschauen der Diplomarbeiten im Hochschulflur. Einmal stand plötzlich der Professor mit der Frage neben mir: »Na, verdienst du dich jetzt kaputt?« Ich ließ ihn wissen, dass ich mit meinem Partner einen vierwöchigen Jahresurlaub vereinbart hätte. Bei einer weiteren Begegnung in der TH fragte er ebenso unvermittelt, wer denn bei uns die Rechnungen schreibe und schien zufrieden, als ich mich dafür zuständig zeichnete. Auch er schrieb die Honorarrechnungen immer selbst, weil er so am besten über den Stand der Projekte informiert war.
Eines Tages traf ich den Meister hinter der Hauptpost in Karlsruhe, der fröhlich mit den Worten auf mich zukam: »Nun haben sie den Versandhausbau auch noch unter die 10 weltbesten Gebäude der Jahre 1958–1963 in einer internationalen Jury gewählt, die in New York unter dem Vorsitz von Kenso Tange tagte.« Ich ging einen Schritt zurück, denn wir hatten noch eine Rechnung offen: »Wo man hin fasst, fasst man in Sch...« und ich fragte, ob er seine Meinung geändert habe. Dass er verstanden

hatte, was ich meinte, verriet mir sein Blick. Ohne weitere Worte gingen wir ins Ristorante Roma zum Mittagessen.
Nach Fertigstellung unserer ersten Schule in Bruchsal zeigte ich Fotos, die unser gemeinsamer Fotograf Neuendorff gemacht hatte. Er sah mich lobend an und meinte, es sei nicht zu übersehen, dass an diesem Bau alles stimme.
Ein anderes Mal war ich sehr überrascht, weil er mich bis zum Parkplatz an der Rückseite des Architekturbaus der TH begleitete. Wieder hatte ich das Gefühl, dass er sich über mich informieren ließ. Er wusste bereits, dass ich einen RO 80 fuhr. Er blieb stehen und fragte, ob der RO 80 mir gehörte und als ich dies bestätigte, wollte er gern einmal einsteigen. Nur wenige Wochen später hatte auch er einen RO 80, der sein letztes Auto gewesen ist.
1970 fuhr ich aus Philippsburg kommend von Osten in den Hof der Gaststätte Löwen in Graben und Eiermann kam mit Gisela Iwand von Westen in Iwands grauem VW. Wir gingen gemeinsam zum Spargelessen. Eiermann bestellte für sich und Iwand den Spargel im heißen Wasser samt Topf auf den Tisch. Bei unseren Gesprächen kam auch Eiermanns Flucht aus Berlin 1945 zur Sprache und Iwand erinnerte an das Durchschwimmen der Fulda in U-Hosen. Eiermann wehrte energisch ab und behauptete, dass das Unsinn sei, denn er habe nie U-Hosen getragen. Ich nutzte die Gelegenheit und erzählte, dass Horten mit dem Auftrag an uns herangetreten sei, das von Eiermann gebaute Warenhaus in Heidelberg umzubauen. Ich fragte nach seiner Meinung. Ohne nachzudenken ließ er mich wissen, dass er sich lang genug mit den Warenhausleuten geärgert hätte und ich das nun ruhig machen solle. Er wolle keine weiteren Informationen. Im Hof verabschiedeten wir uns später und stiegen in die Autos. Einer inneren Stimme folgend, stieg ich nochmals aus und lief zu Eiermann, der die Scheibe herunterkurbelte und mich fragend ansah. Ich bezeichnete mich als undankbaren Gesellen, denn ich hätte mich noch nicht einmal für die Essenseinladung bedankt und ich fügte hinzu: »Und überhaupt herzlichen Dank für alles«. Später war ich sehr froh, dass es diese Gelegenheit gegeben hatte, denn wenige Wochen später, am 19. Juli 1970, starb Egon Eiermann.
Die Nachricht von Eiermanns plötzlichem Tod ging wie ein Lauffeuer durch die Architektenschaft. Mich erreichte die traurige Nachricht durch einen Anruf Gisela Iwands, für die als langjährige Sekretärin und Vertraute Eiermanns eine Welt zusammenbrach. Zur Trauerfeier wurde der Sarg einige Tage später im Innenhof des Klosters Maulbronn aufgestellt. Hier hatten sich sehr viele Freunde, Verehrer, Bauherren und auch viele seiner ehemaligen Schüler versammelt. Nach Beendigung der Trauerfeier, die ohne Reden, von Bach-Musik begleitet, in stillem Gedenken stattfand, ordnete ich mich wie selbstverständlich den Sargträgern auf dem Weg zum bereitstehenden Trauerwagen zu, der den Verstorbenen zur Beer-

digung im engsten Familienkreise nach Mosbach brachte. Ich hatte Abschied genommen von einem großen Architekten, meinem hochverehrten Lehrer, meinem geistigen Vater und väterlichen Freund. Der Familie Eiermann blieb ich weiter verbunden, denn Eiermanns Sohn Andreas kam in unser Büro und blieb rund 20 Jahre bis zu seiner Selbständigkeit.

Wettbewerbserfolge

Seit 1965 haben wir uns mit Stadthallen beschäftigt. Beim öffentlichen Wettbewerb für den Neubau der Stadthalle in Mannheim in Erweiterung des Rosengartens erhielten wir den dritten Preis. Der Mannheimer Kollege Karl Schmucker erhielt den ersten Preis, weil er den Zugang durch den Rosengarten wagte. Bei der Realisierung stellte sich heraus, dass dieser Zugang nicht möglich gewesen ist und so waren wir der ausgeführten Version wieder sehr nahe gekommen.
Den Wettbewerb für die Stadthalle Karlsruhe gaben wir in Arbeitsgemeinschaft mit Dipl.-Ing. Michael Weindel ab. Unser Entwurf kam in die erste Preisgruppe mit vier weiteren Kollegen. Die ausgezeichneten Preisträger und weitere Kollegen mit Ankäufen wurden zur Überarbeitung ihrer Entwürfe in einer

Johann-Peter-Hebel-Schule in Bruchsal 1967

Johann-Peter-Hebe-Schule: Bei einem Vortrag von Herbert Schmitt mit der Entstehungsgeschichte der Schule und des Schulgestühls

zweiten Runde aufgefordert. Der Auftrag ging letztendlich an einen Kollegen, der der ersten Preisgruppe nicht angehörte. Als wettbewerbserfahrene Architekten war dieses Ergebnis für uns keine Ausnahme und wurde akzeptiert.

Unser erster Auftrag aufgrund eines gewonnenen Wettbewerbs führte zum Bau der Johann-Peter-Hebel-Schule in Bruchsal. Wir planten einen Stahlbetonskelettbau und im Innenausbau Sichtmauerwerk aus Kalksandsteinen. Zur gleichen Zeit hörten wir anlässlich einer Werkbundtagung in Hannover einen Vortrag des bekannten Pädagogen Hartmut von Hentig, der die Entwicklung im Schulbau noch als unvollendet bezeichnete. Sicher war nur, dass der ehemals so erfolgreiche Schustertyp durch neue Schultypen abgelöst werden musste. Wir befanden uns mit dem Bruchsaler Neubau bereits auf einem neuen Weg, fuhren aber mit der Überzeugung nach Hause, dass es keine festzementierten Klassenräume mehr geben darf. Sofort planten wir sämtliche Innenwände des im Bau befindlichen Schulgebäudes als abbruchfähig ein und machten damit eine spätere Veränderung möglich. Die Fassaden erhielten einen Umgang, der an der Außenseite die Sonnenschutzanlage und als Raumabschluss geschosshohe Holz-Glas-Elemente erhielt. Der Wettbewerbsentwurf sah einen rundum verglasten Innenhof vor. Ich konnte mir auch eine Halle vorstellen, die durch Wegfall des Innenhofs und Überdachung dieser Fläche möglich war. Hallenschulen waren längst aus Kostengründen in den Schulbauprogrammen gestrichen. In der Überzeugung etwas Besonderes zu schaffen, traf ich mit Oberbürgermeister Dr. Bieringer die Vereinbarung, ohne Kostensteigerung in eine Hallenschule umzuplanen. Die so entstandene zweigeschossige Halle wurde von Anbeginn von Lehrern und Schülern sehr begrüßt und vielfältig genutzt. Schülertische und Stühle wurden nach meinem Entwurf von Wilde + Spieth angefertigt (aw architektur + wohnform, 8/1968; möbel interior design, 9/1970).

1967 erhielten wir bei einem öffentlichen Architekturwettbewerb den ersten Preis und den Auftrag zum Bau eines Gymnasiums mit Sport- und Schwimmhalle in Philippsburg. Wir entschlossen uns, die-

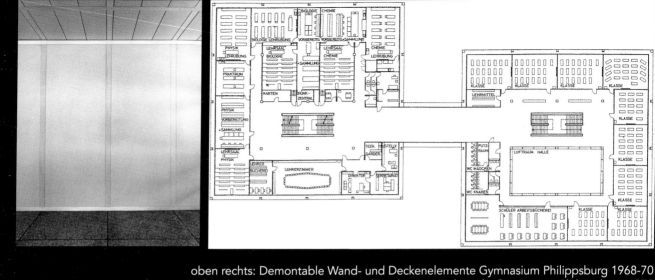

oben rechts: Demontable Wand- und Deckenelemente Gymnasium Philippsburg 1968-70
oben links: Grundriss 1.Obergeschoss | unten: Teilansicht Gymnasium Philippsburg 1970

se Schule als erste Schule in der BRD mit demontablen Wänden auszustatten. Voraussetzungen hierzu schafften wir durch einen Abhörtest in den Räumen der gerade fertiggestellten Chemischen Institute der TH Karlsruhe. Wir bauten einen Stahlbetonskelettbau und montierten den gesamten Innenausbau mit vorgefertigten Teilen. Nach Einweihung der Schule und einer gewissen Wartezeit ließen wir von Prof. Gösele den Schalldämmwert messen, der rund 42 db betrug und sich als ausreichend erwies. (Nach Gösele hätten es 48 db sein sollen.) Es gehörte schon Mut zu diesem Versuch im Schulbau. Durch leichten Umbau zur Schaffung neuer Räume bewährte sich die Bauweise des Gymnasiums bei der Gründung der Realschule. Frei verfügbare Flächen wurden vorübergehend als Klassenräume genutzt, während parallel dazu der Realschulbau entstand. Gelernt hatten wir, dass durch Veränderbarkeit im pädagogischen Zentrum bis dahin nicht bekannte Möglichkeiten geschaffen wurden wie die Zusammenfassung von Eingangshalle, Flur und Musikraum zu einer Aula (aw, 3/1967; aw 8/1968; aw 4/1970; md möbel interior design, 9/1970; Hans K. Koob: Vorfertigung und Montage im Innenausbau. Verlag Alexander Koch, Stuttgart, Bauamt und Gemeinde, 10/1991; Die Gemeinde, 5/1991).
Beim Wettbewerb für den Neubau des Badischen Staatstheaters Karlsruhe wurde unsere Arbeit mit dem ersten Ankauf ausgezeichnet. In einem Brief kam Eiermanns Gratulation zum verdienten ersten Ankauf für eine ruhige Arbeit in den sonst so auswuchernden Gesamtformen für neue Theater.
Dank Georgs besonderem Einsatz erhielten wir beim Wettbewerb für die überbetrieblichen Ausbildungsstätten in Mannheim den ersten Preis. Mannheim war immer ein ganz besonderes Pflaster, denn die dortigen Kollegen sahen den Einbruch von Karlsruher Kollegen in ihr Terrain nicht gern. Bei zum Teil hoher Wettbewerbsbeteiligung war es nicht leicht, den ersten Preis zu erringen und darüber hinaus gehörte noch ein bisschen Glück dazu, den Auftrag zu erhalten.
Achtungserfolge erzielten wir bei der Beteiligung an sehr großen Wettbewerben wie zum Beispiel für die Universität Bremen oder später für den Neubau der Hochschule für Film und Fernsehen in Potsdam. In beiden Fällen lag unsere Arbeit bei großer Beteiligung immerhin unter den ersten 20 Plätzen. 1981 wurden wir zu einem beschränkten Wettbewerb für den Neubau der Westdeutschen Genossenschaftsbank in Düsseldorf eingeladen. Das war ein großes Projekt, das an der Ostseite des Düsseldorfer Bahnhofs errichtet werden sollte. Wir widmeten uns dieser Aufgabe mit besonderem Interesse, da hier der Einsatz modernster Büroorganisation gefordert war.
Um immer dicht an der Aufgabe zu bleiben, trennte sich das Team auch bei den Malzeiten nicht. Nie war bei großen Wettbewerben auszuschließen, dass der Endspurt über Nacht erfolgte. Im Team arbeitete ein indonesischer Student mit dem Namen Toni, der das »sch« nicht aussprechen konnte. Es muss gegen Mitternacht gewesen sein, als einer rief: »Toni, sag doch mal Scheiße!« Toni antwortete

prompt: »Seise«. Alle lachten und die Fröhlichkeit war selbst zu dieser vorgerückten Stunde erneuert. Wir hatten mit großem Aufwand gearbeitet, den Auftrag erhielten Düsseldorfer Kollegen. Das hinderte uns jedoch nicht daran, uns sehr bald danach erneut an einem weiteren Wettbewerb zu beteiligten. Insgesamt beteiligten wir uns in 40 Jahren an über einhundert Wettbewerben und erhielten dabei rund 50 Preise und Ankäufe. Unsere Aufträge erhielten wir zu einem Drittel durch Wettbewerbserfolge, zu einem Drittel über Bekanntschaften und Freunde und zu einem Drittel von zufriedenen Bauherren, für die wir einmal und dann immer wieder geplant und gebaut haben.

Das Beiertheimer Feld in Karlsruhe

Im Beiertheimer Feld darf bis zu einer Höhe von 60 m gebaut werden. Die Hochhäuser der Rentenversicherung und der Landwirtschaftlichen Sozialversicherung standen bereits, als ein zweistufiger Wettbewerb für den Neubau der Badischen Landesbausparkasse ausgeschrieben wurde. Im ersten Teil des städtebaulichen Wettbewerbs kam unsere Arbeit mit vier weiteren Büros in die erste Preisgruppe. Im folgenden Bauwettbewerb wurde unsere Arbeit wiederum mit dem ersten Preis ausgezeichnet und wir erhielten den Bauauftrag.

Badische Landesbausparkasse Karlsruhe 1974. Ansicht Straßenseite

DAS BEIERTHEIMER FELD IN KARLSRUHE

Im ehemaligen Kleingartengebiet konnte man eher ein Hochhaus als einen Mittelhochbau erwarten. Der städtebauliche Wettbewerb brachte dementsprechend überwiegend Entwürfe mit Hochhäusern, zumal das Gebäude der Landesversicherungsanstalt als Hochhaus in unmittelbarer Nachbarschaft bereits gebaut war. Wir waren davon überzeugt, dass im Mittelhochbau eine Lösung zu finden war. Durch Konzentration der Baumasse zugunsten großer Freianlagen entstand eine Ausweitung der geplanten öffentlichen Grünzone. Wir planten einen fünfgeschossigen Kubus mit Innenhof ab dem zweiten Obergeschoss. Das Problem angemessener Abmessungen für Räume, die von Menschen und für Gegenstände genutzt werden, wie zum Beispiel Autos, lösten wir mit einem Rohbauraster von 7,90/7,90 m. Die Maßeinheit von 1,25 m war uns schon immer gebräuchlicher als die europäisch angestrebte Maßordnung von 1,20 m. Die richtige Maßfindung bestand dann in der Addition des Stützenbandrasters von 0,40 m. Hiermit war es gelungen, sowohl für Büro- und Sonderräume als auch für die Tiefgarage eine hochwirtschaftliche Konstruktion zu finden.

Da die überwiegende Anzahl der Flächen klimatisiert werden musste, entschlossen wir uns, das gesamte Gebäude mit Vollklimatisierung zu versehen. Hervorzuheben ist das perfekt durchgehaltene Ausbausystem, das noch nach Jahren bei Umbauten gute Dienste leistete. Bei späteren Verwaltungsbauten gaben wir aber dennoch eher natürlicher Belüftung und Belichtung den Vorrang. Wir nutzten die Vorzüge, die auch viele Eiermann-Bauten bestimmen, und versahen das

Badische Landesbausparkasse Haupteingang

Gebäude mit Umgängen. Das Problem zur Vermeidung von Kältebrücken lösten wir erstmals durch den Einsatz von Konsolen aus Leichtmetallguss. Auf Wunsch der Bauherrschaft wurden Räume für Arbeitsgruppen realisiert, die zu einem Grundriss mit überwiegend kleineren Raumeinheiten führten. Die Belange der Bausparerakten wurden in einer der modernsten Aktenförderanlagen geregelt. Sie wurden aus der Registratur auf Abruf verteilt und auch wieder zurückbefördert. Die Aktenbahnen laufen sichtbar über den Schrankeinbauten entlang der Flure, wodurch eine aktive Atmosphäre entsteht. Die Freianlagen, die Prof. Martinson mit Wasser gestaltete, wurden von der Belegschaft auch Badische Seenplatte genannt (Bauen + Wohnen, Juli/August/1975; A.P. Betschart »Neue Gusskonstruktionen« in derArchitektur, 1985, Beispiele von Bürohausarchitektur in der BRD, Verlag Büro und Orgatechnik Hamburg, Hugo-Häring-Plakette 1980 und Belobigung im Rahmen der Weinbrenner-Plakette 1981).

Badische Landesbausparkasse Nordansicht mit Freianlagengestaltung von Prof. Gunar Martinson

Badische Landesbausparkasse
Montage der Konsolen für den Umgang

Der Grundstein für Mittelhochbauten im Beiertheimer Feld war gelegt und es folgten weitere. Anlässlich der Eröffnung der Ausstellung »Verwaltungsbauten« im Landesgewerbeamt Karlsruhe hielt ich ein Referat über »Tendenzen im Verwaltungsbau«. Bei dieser Ausstellung wurde auch das Verwaltungsgebäude der von uns geplanten LBS gezeigt. Die LBS mit überwiegend Räumen für zwei bis drei Personen entsprach der besonderen Arbeitsweise einer Bausparkasse. Daneben wurden vermehrt Großraumbüros mit zunehmenden technischen Anforderungen gebaut. Die Tendenz zu veränderbaren Bürofläche war allgemein vorhanden. Es ist befreiend, alles Geschaffene der letzten 30 Jahre infrage zu stellen. Das Umdenken im Verwaltungsbau setzt auch hier auf mehr Qualität anstelle von Quantität. Diese Tendenz wird den Verwaltungsbau sehr wahrscheinlich nicht revolutionieren, sondern eher wieder auf alte Entwurfskriterien aufmerksam machen. Ich zitiere Paulhans Peters, der diesen Weg als den Weg zu einer neuen Einfachheit bezeichnet: »Dies ist keine Primitiv-Architektur, kein Billig-ist-Beautiful-Trend, sondern es besteht die Chance, Architektur und ihre Prioritäten wieder in Ordnung zu rücken. Eine neue Generation von Verwaltungsbauten könnte einen Weg weisen.« Ich fügte hinzu, dass wir uns Architektur wünschen, die sich maßstäblich einfügt. Gebäude, die sich nicht isolieren, sondern Teil der Stadt sind. Bei der LBS hieß dies Mittelhochbau.
In den Achtzigerjahren folgte eine Reihe von Verwaltungsgebäuden, mit denen wir den Mittelhochbau im Beiertheimer Feld fortsetzten. Hier entstanden von 1980–87 die Verwaltungsgebäude für die Staatsschuldenverwaltung, die R+V Versicherung und das IAS (Institut für Arbeitsmedizin und Sozialhygiene). Von 1991–93 folgten die Landwirtschaftliche Berufsgenossenschaft, die IKK (Innungskrankenkasse) und die Erweiterung der Südwestlichen Berufsgenossenschaft.

DAS BEIERTHEIMER FELD IN KARLSRUHE

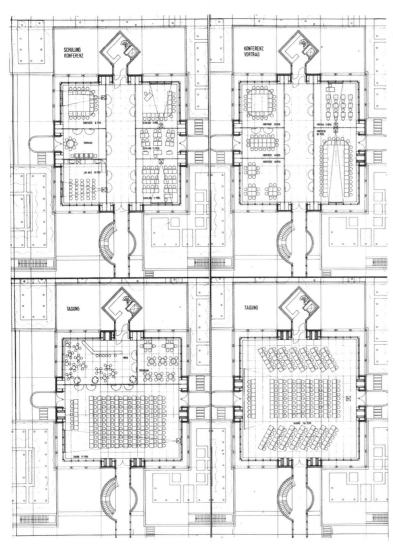

LBS Pavillon Beispiele von Nutzungsmöglichkeiten

Im Auftrag der Landeskreditbank Baden-Württemberg planten wir das Gebäude zur Aufnahme der Landesoberkasse und der Staatsschuldenverwaltung. Das Gebäude ist der erste Abschnitt einer Blockrandbebauung. Die äußere Erscheinung wird geprägt von dem Kontrast der betonten filigranen Eckgestaltung (Steinhäuserstraße / Holtzstraße) mit dem Haupteingang und den beiden gleichförmig, zurückhaltend gegliederten Gebäudeflügeln. Der L-förmige Winkelbau ist als zweibündige Anlage mit natürlich belüfteten und belichteten Büros in vier Vollgeschossen konzipiert. Die wesentlichen Gestaltungselemente für die Fassade sind rote, hinterlüftete Klinker für die geschlossenen Teile, weiß lackierte Leichtmetallfenster und weiße Sonnenschutzlamellen. Unter der begrünten Hoffläche befindet sich die Tiefgarage mit Zufahrt aus der Holtzstraße. Die Stele vor dem Haus und ein Brunnen im Grünraum – beides in der Diagonalachse des Gebäudes – wurden von Professor Hans Peter Reuter gestaltet. Wie auch bei den folgenden Bauvorhaben im Beiertheimer Feld gestaltete Gartenarchitekt Karl Bauer die Freianlagen. Der Schwerpunkt unserer Gestaltung lag auf der Straßen-Eckbildung.

DAS BEIERTHEIMER FELD IN KARLSRUHE

An der Straßenecke zwischen Siegfried-Kühn-Straße und Steinhäuserstraße folgte der Verwaltungsbau für die Filialdirektion der R+V Allgemeine Versicherung und R+V Lebensversicherung. Der siebengeschossige Winkel-Hauptbau ist eine zweibündige Anlage mit Büronutzung. Die Räume für besondere Nutzungen (Speiseraum, Schulungsräume und Hausmeisterwohnung) wurden in einem in Konzeption und Gestaltung deutlich abgesetzten, eingeschossigen Winkelbau an der Gartenseite vorgelagert. Auch diesem Gebäude gaben wir eine Klinkerfassade. Für die Cafeteria gestaltete der Bildhauer Ernst Simon einen Brunnen, der durch sein Eigengeräusch dazu beiträgt, dass persönliche Gespräche die Nachbarunterhaltung nicht stören. Die Planung erfolgte in Arbeitsgemeinschaft mit Prof. Klaus Zimmermann, einem Eiermann-Schüler.

LBS Pavillon mit Verbindung zum Geschäftsgebäude 1986

DAS BEIERTHEIMER FELD IN KARLSRUHE

Der dritte Preis bei der Verleihung des Baden-Württembergischen BDLA-Preises (Bund deutscher Landschaftsarchitekten) 1987 für die »Grüne Oase« in der Stadtlandschaft ging an Gartenarchitekt Karl Bauer. Bei Gebäudeübergabe beschrieb Georg Kasimir unsere Absichten wie folgt: »Über allen anderen Überlegungen standen die Ansprüche der Nutzer, ihre Arbeitsbedingungen, ihr Wohlbehagen und die Möglichkeit, sich mit ihrem Haus zu identifizieren. Keine ganz moderne Einstellung im heutigen Architekturgeschehen. Diesem Anspruch sollten sowohl ganz banale Dinge wie gute, natürliche Belüftung und Belichtung dienen, aber auch die Atmosphäre der Räume, die Materialwahl und einige liebevoll entwickelte Details im Ausbau. Vor allem sollten aber die Bereiche Cafeteria und Speiseraum mit ihrem Gartenhof dazu beitragen, die kurz bemessenen, aber wichtigen Arbeitspausen zu verschönern. Zu den Belangen der Nutzer kommt das Selbstbewusstsein ihres Unternehmens, das hier von einer wichtigen Filiale neu definiert wird, die sich durch Qualität der Gestaltung innen und außen, durch Solidität, Maßstab und Geschmack, gepaart mit strenger Rationalität sowie sparsamem Einsatz der Mittel, die sie für andere verwalten und anlegen, repräsentiert.«

1985 beauftragte uns die LBS mit der Planung eines Konferenz- und Schulungszentrums auf ihrem Grundstück. Das umfangreiche Raumprogramm ergab einen Baukörper von beachtlichen Ausmaßen. Als Baufläche stand die von Gunar Martinson gestaltete Seenplatte über der Tiefgarage zur Verfügung, die wir weitestgehend erhalten wollten. Genaue Funktionsanalysen ergaben, dass das zunächst vorgesehene Bauvolumen durch kurzfristig herstellbare Veränderungen der Grundrisse auf etwa ein Drittel reduziert werden konnte. Unter diesen Voraussetzungen gestaltete sich der Umfang mit der zur Verfügung stehenden Grundstücksfläche ganz anders. Als eine Art »Pavillon« konnte der Neubau in das See-Insel-Konzept der Freianlagen eingefügt werden. Hier zeigte sich erneut, dass zum Bauen immer zwei gehören – der Bauherr und der Architekt – und so konnte eine besondere Idee nur in vertrauensvoller Zusammenarbeit realisiert werden. Noch heute bin ich meinem Freund Dr. Karlheinz Henge, der als Vorstandsmitglied den Bau begleitete, für diese Zusammenarbeit dankbar. Es entstand ein multifunktionaler Pavillon, der sowohl als Großraum mit 20/20 m Abmessung, als auch vielfältig unterteilbar in bis zu sieben Räumen genutzt werden konnte. Ich habe mich dieser Aufgabe in besonderem Maße gewidmet und so entstand mein Lieblingsbauwerk. Noch nach Jahren bestätigen die Hausmeister das vorzügliche Funktionieren der schweren Wandelemente, die technisch so beschaffen sind, dass von Raum zu Raum keine Geräusche übertragen werden. Alle wichtigen Entscheidungen waren durch den Bauausschuss zu genehmigen, dessen Vorsitzender Herr Dr. Klüpfel war. Hier hatte ich erstmals in meiner beruflichen Laufbahn Mehrkosten von 700.000 DM zu verantworten. Gut vorbereitet ging ich in die Ausschusssitzung und wurde sofort vom Vorsitzenden scharf auf die Kos-

oben links: LBS Pavillon. Die Stahlkonstruktion überspannt die Fläche von 20/20 m stützenfrei | oben rechts: Seminarraum
unten links: Untersicht der Lichtpyramide | unten rechts: Eingangsbereich Seminarraum

tenentwicklung hingewiesen. Mein Vortrag belegte jede Mark mit exakter Begründung, was dazu führte, dass Herr Klüpfel mich mit den Worten angiftete: »Und dafür sollen wir Ihnen auch noch Danke sagen.« Die Kosten waren bald vergessen, doch ein exemplarisches Gebäude blieb (db, 10/1988; Architektur in Baden-Württemberg seit 1980, Bauten und Projekte, Architekten in Baden-Württemberg, Verlag Buch und Film, ausgezeichnet mit der Hugo-Häring-Plakette 1987).

1986/87 erhielten wir von der Bauherrengemeinschaft Dr. Massmann und Hoppe den Auftrag für einen Neubau des Instituts für Arbeitsmedizin und Sozialhygiene. Hierdurch hatten wir die Möglichkeit, eine weitere Straßenecke in der Steinhäuserstraße zu gestalten. Dem Wunsch der Bauherrschaft für die Corporate Identity entsprachen wir durch unverwechselbare Gestaltung an der Straßenecke. Die Längsbaukörper traten zurück, um die Ecke zu betonen. Im zurückgesetzten 4. OG waren Sondernutzungen wie Bibliothek, Vorstand, Schulungs- und Sozialräume angeordnet. Dieses Geschoss verbindet sich in Material und Fassadengestaltung mit dem Eckbereich. Auch dieses Gebäude erhielt vor der gedämmten Außenwand eine hinterlüftete Vormauerung, nun aus weiß glasierten Steinen. Bei den Freianlagen wurden ökologische Aspekte wie die Versickerung von Regenwasser in einem Teich beachtet.

Ich möchte hier vorab die weiteren Gebäude an der Steinhäuserstraße beschreiben, da hier ein Stück Stadtgestalt aus einer Hand verwirklicht werden konnte. Die der R+V gegenüberliegende Straßenecke konnten wir mit dem Erweiterungsbau für die Südwestliche Bauberufsgenossenschaft gestalten. Das Raumprogramm umfasste die Erweiterung der Verwaltung und den ärztlichen Dienst, eine zweigeschossige Tiefgarage, die als Zivilschutzraum ausgebaut wurde und Umbauten im Altbau von Prof. Erich Schelling, sowie den Neubau eines Pavillons. Auch dieses Gebäude erhielt eine Vorsatzschale aus Klinkern. Die Bildhauer Prof. Akiyama und Helmling bereicherten die Innenräume mit Kunstwerken.

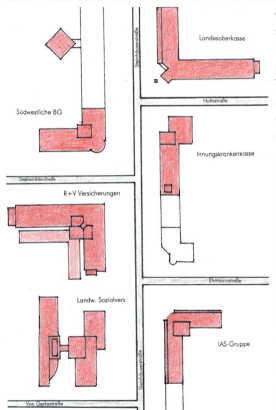

Straßenecken in der Steinhäuserstraße in Karlsruhe

DAS BEIERTHEIMER FELD IN KARLSRUHE

Gegenüber konnten wir durch Auftrag der Innungskrankenkasse die zweite Straßenecke zwischen Steinhäuser- und Holtzstraße bebauen. Das Verwaltungsgebäude akzentuiert die Ecksituation als Eingangsbereich mit Vorplatz und Vordach mit Treppenturm und Glaserker. Die Transparenz dieses Bereichs ermöglicht Einblicke in die Nutzung des Gebäudes und belichtet die innenliegenden Flurzonen der Bürogeschosse. Form und Materialwahl reihen das Gebäude in die bestehenden Bürobauten ein, ohne jedoch seine Eigenständigkeit zu verleugnen. Die horizontalen Dachflächen sind begrünt. Der Sonnenschutz besteht aus weißen, vor der Fassade angeordneten Sonnenschutzlamellen.

1991–93 folgte ein weiterer Auftrag in der Steinhäuserstraße. Personalzuwachs und steigende Aufgaben erforderten eine Erweiterung der Badischen Landwirtschaftlichen Sozialversicherung. Die damit verbundene Schaffung weiterer Abstellplätze erforderte den Abbruch der vorhandenen Garage und den Neubau einer zweigeschossigen Tiefgarage, was die Unterfangung des vorhandenen Hochhauses um ein Geschoss bedeutete. Diese besondere Baumaßnahme löste mein Freund Dr.-Ing. Karlheinz Schweickert mittels Hochdruckinjektionsverfahren. Karlheinz Schweickert war als Bodenmechaniker seit Jahren für den sicheren Stand unserer Bauten zuständig und trotz höchstem Vertrauen war mein erster Weg nach einem Urlaub auf Sylt zur

Umbau mit Brückenverbindung zum Neubau der Landwirtschaftlichen Sozialversicherung an der Straßenecke Steinhäuserstr. / von Gerkestr. 1993

Die Landesoberkasse an der Straßenecke Steinhäuserstr. / Holtzstr. 1982

R+V Versicherung und Erweiterung der Südwestlichen Bauberufsgenossenschaft bilden die Straßenecke Steinhäuserstr. / Siegfried-Kühn-Str. 1984 und 1993

IKK Innungskrankenkasse Steinhäuserstr. / Holtzstr. 1992

IAS Institut für Arbeitsmedizin und Sozialhygiene an der Straßenecke Steinhäuserstr. / Ehrmannstr. 1987

Baustelle, um mich zu überzeugen, dass sich der Bau trotz der eingeschossigen Unterfangung um keinen Millimeter verändert hatte. Bei voller Besetzung durch die 700-köpfige Belegschaft bauten wir die schadhafte Faser-Zement-Fassade des Hochhauses ab und entsorgten sie. Daraufhin wurde die neue Fassade, aus hinterlüftetem KerAion mit zuvor aufgebrachter Wärmedämmschicht, angebracht. Der Erweiterungsneubau und der Altbau wurden durch eine Brücke verbunden (Architektur in Baden-Württemberg seit 1990 und Auszeichnung mit der Hugo-Häring-Plakette 1993).

Wir haben an unserem Konzept des Mittel-Hochbaus festgehalten, obwohl das Beiertheimer Feld auch Hochhäuser gestattet hätte. Die Straßenecken gestalten den Straßenraum in besonderem Maße. In der Steinhäuserstraße ist es uns gelungen, sechs Straßenecken zu gestalten, was Herrn Oberbürgermeister Prof. Dr. Gerhard Seiler bei einer Begehung zu der Bemerkung veranlasste, hier sei die Umbenennung in Schmitt-und-Kasimir-Straße zu erwägen.

Sportbauten

Die Europahalle und das Fächerbad sind Schwerpunkte für den Sport in Karlsruhe.
1974 wagten wir uns erstmals bei einem öffentlichen Wettbewerb an das Thema Hallen- und Freibad, den die Stadt Hechingen ausgeschrieben hatte. Wir erhielten den ersten Preis und realisierten das Bauwerk. Gern denke ich bei dieser Gelegenheit an meinen Freund und Kollegen Rainer Bucerius, der mir als Bäderspezialist gute Ratschläge gab. Als Folge bat uns ein Generalunternehmer um die Zusammenarbeit beim Unternehmer-Wettbewerb für das Weiherhofbad in Karlsruhe-Durlach. Aus der Tatsache, dass die Stadt Karlsruhe sich für diese Art des Wettbewerbs entschlossen hatte, war bereits abzusehen, dass hier die Kosten die Hauptrolle spielten. Auch diesen Wettbewerb gewannen wir samt Auftragserteilung. Noch heute hängt in der Eingangshalle des Weiherhofbades das Ergebnis eines Schülerwettbewerbes, den wir mit Zustimmung des Schulamts veranstalteten. Die Zeichnungen der Schüler sollten Durlach als Stadtteil zeigen; die schönsten davon fassten wir in ein Bild zusammen und überreichten es bei der Einweihung dem Oberbürgermeister.

Weiherhofbad Karlsruhe Nichtschwimmerbecken 1974

Auch den von der Stadt Bretten ausgeschriebenen Wettbewerb für ein Hallenbad gewannen wir. Nach Fertigstellung der Genehmigungsplanung wurde dieses Projekt aus minimalen Kostengründen eingestellt. Oberbürgermeister Leicht kam zu uns ins Büro und verhandelte die Angelegenheit einvernehmlich mit mir. Das Hallenbad wurde von einem Generalunternehmer an anderer Stelle realisiert. Ob die Stadt damit einen guten Tausch gemacht hatte, war wohl erst Jahre später eindeutig feststellbar.

Die nächste Aufforderung erhielten wir für einen beschränkten Wettbewerb unter »Spezialisten«, zu denen wir nun zu zählen schienen. Die Planungsaufgabe betraf den 2,3 ha großen Sportpark Karlsruhe-Nordost mit dem Bau eines Clubhauses und eines Hallenbads. Wir gewannen den Wettbewerb und erhielten den Auftrag. Aus Kostengründen erfolgte die Ausführung durch Generalunternehmer (HOCHTIEF und Boldt). Bis 1982 entstand ein Hallenbad mit der größten Wasserfläche zwischen Basel und Heidelberg. Das Problem bestand darin, dass aber nur Kosten bis ca. 14 Millionen DM entstehen durften.

Hochwirtschaftlich zu planen hatten wir bei Horten gelernt und ich saß in der Bauphase einmal pro Woche mit der Projektleitung des Unternehmers zusammen, wobei es um jeden Pfennig ging, zumal wir auch gestalterische Ideen umsetzen wollten. Die schwierige Aufgabenstellung bestand in der Kombination eines Freizeitbads mit allen Anforderungen eines Sportbads. Ein Bad dieser Größe wurde im In- und Ausland zur gleichen Zeit mit bis zu doppelten Kosten errichtet. Hier zeigt sich, was durch intensive Planung unter Beachtung der Faktoren Zeit und Geld erreicht werden kann. Noch 30 Jahre später ist das Fächerbad eine interessante Mischung aus Sport- und Freizeitbad mit einer guten Atmosphäre, die von Form, Material und Farbe bestimmt wird. Stadtrat und Architekt August Vogel sprach in seiner Laudatio bei der Einweihung von »gebremster Kunst« (AIT, 9/1986; Sport, Bäder Freizeit Bauten, 4/1986; CBZ, 11/1986). Zur gleichen Zeit planten und realisierten wir eine große Mehrzweckhalle im Auftrag der Stadt Karlsruhe in Rintheim. Die Sporthalle ist für Schul- und Vereinssport durch Trennvorhänge in drei Übungseinheiten teilbar. Etwa 400 Zuschauer haben auf Teleskoptribünen Platz. Zur Mehrzweckbenutzung für 800 Personen gibt es ein zusätzliches Raumangebot. Georg Kasimir sagte bei Übergabe zum Problem Sport und Mehrzweck unter anderem Folgen-

Fächerbad Karlsruhe Springerbecken

oben: Fächerbad Karlsruhe
Westansicht 1982
unten: Eingangsseite

SPORTBAUTEN

des: »Was ist denn überhaupt eine Mehrzweckhalle? Sie ist ein Bastard, ein Kompromiss zwischen einer Sporthalle mit der strengen Festlegung von Raumgröße und Raumform, ebenso zwingend vorgegebenen technischen Einrichtungen und funktionellen Zusammenhängen, und einer Festhalle, der fast alle Anforderungen, von der simplen kubischen Raumform bis hin zur Ausbildung des Fußbodens, widersprechen.« Die Entwurfsarbeit war eine Mischung aus ständigem Suchen nach Auflösung von Widersprüchen, Aufstellen von Prioritäten und Entscheidungen zu angemessenen Kompromissen.

Das Schulzentrum in Philippsburg wurde durch den Bau von Sport- und Schwimmhalle ergänzt. Die dreiteilbare Großsporthalle und eine Normalturnhalle sowie eine Kleinschwimmhalle dienen vor allem dem Schulsport, daneben aber auch Vereinen. Die Gestaltung der vorgesetzten Treppenhäuser in Form und Farbe ist ein Zeitzeichen, denn genau seit 1970 durfte wieder über Architektur gesprochen werden. In den Sechzigerjahren stand beim Vortrag im Gemeinderat nur das Verlangen möglichst preiswert zu sein im Vordergrund. Als ich über Gestaltung vortragen wollte, ließ man mich wissen, ich hätte mir bitte kein Denkmal zu setzen.

Sport- und Schwimmhalle in Philippsburg 1975

SPORTBAUTEN

Zu Beginn der Achtzigerjahre befanden wir uns ein ganzes Jahr lang im Optimierungsprozess für einen Wettbewerb besonderer Art, gegen Roßmann und Partner, der am Ende zu unseren Gunsten entschieden wurde. Wir erhielten den Auftrag zum Bau der Großsporthalle, die später Europahalle genannt wurde. Die Realisierung erfolgte von 1981–1983. Das umfangreiche Raumprogramm für die Halle wurde in erster Linie zur Durchführung von großen Hallensportveranstaltungen mit 4800 Zuschauerplätzen konzipiert. Sie kann, zum Beispiel für Schulsport, in sechs Übungseinheiten geteilt werden. Durch die Absenkung um ein Geschoss und die transparente Seilkonstruktion wurde die sichtbare Baumasse verringert und damit eine maßstäbliche Einbindung in die Günther-Klotz-Anlage erreicht. Über die sportliche Nutzung hinaus bewährte sie sich inzwischen auch bei einer Vielzahl von attraktiven nichtsportlichen Veranstaltungen. Bemerkenswert ist, dass die besondere Dachkonstruktion eine im Grundriss nahezu rechteckige Hallenfläche von 96/69 m stützenfrei überspannt.

Die Europahalle Karlsruhe wurde zum modernen Wahrzeichen der Stadt. 1983

Europahalle Teilansicht des Innenraumes

Die konstruktive Bearbeitung erfolgte in schöner Zusammenarbeit mit dem Ingenieurbüro Prof. Schlaich Bergermann und Partner, Stuttgart. Mit einem künstlerischen Beitrag war Jürgen Goertz beauftragt. Die Damen des Gemeinderats erwarteten keine Verunstaltung des weiblichen Körpers, woran sich der Künstler weitestgehend hielt, dennoch weigerte sich Oberbürgermeister Dullenkopf, die Plastik auf dem Sportlereingang zu enthüllen. In meiner Erinnerung vollzog der Künstler diese dann selbst. Nun wurde eine heftige Auseinandersetzung in der BNN erwartet, die aber nie stattfand. Die Karlsruher Bevölkerung weiß scheinbar recht gut mit moderner Kunst umzugehen. Die Europahalle erfreut sich weit über die Karlsruher Grenzen hinaus großer Beachtung. Sehr oft wurden wir um Führungen von

Erweiterung Europahalle 1994

Besuchergruppen gebeten. Einmal kam Georg nach einer Führung ins Büro und legte mir zehn Mark auf den Tisch. Auf meinen fragenden Blick hin erzählte er mir, dass ein Besucher ihm 20 Mark in die Hand gedrückt habe, weil er ihn wohl für den Hausmeister hielt. Gut, dass bei uns alles brüderlich geteilt wurde (Sportstätten und Bäderanlagen, 5/1984; Architektur in Baden-Württemberg seit 1970; db, 4/1985; Klassizismen und Klassiker im Badischen Kunstverein, Architektur in Baden-Württemberg DVA Stuttgart; Bauen in Deutschland Verlag G. Hatje; Sport Bäder Freizeit, 4/1991, ausgezeichnet mit der Hugo-Häring-Plakette 1993 und Belobigung im Rahmen der Weinbrenner-Plakette 1987).

Menschen hinter Gittern

1979 lud uns das Land Baden-Württemberg mit weiteren sieben Büros zu einem beschränkten Wettbewerb für den Neubau einer Justizvollzugsanstalt ein. Meine Erfahrung über das Eingesperrtsein beruhte auf einer kurzen Kriegsgefangenschaft. Zur Einstimmung in diese uns bisher unbekannte Aufgabe wurden wir zur Besichtigung der neuen JVA Frankenthal eingeladen. Da wir uns zum ersten Mal hinter Gefängnismauern befanden, wurde uns gestattet, die gesamte Anlage von den Gemeinschaftseinrichtungen bis zur Einzelunterkunft zu besichtigen. Hier war das vorwiegende Baumaterial Stahlbeton. Man schaute durch Öffnungen im Beton über enge Höfe auf Beton. Sehr betroffen verließen wir nach Stunden die Anstalt und wussten genau, dass wir Ähnliches nicht bauen wollten. Da die Einladung zu diesem Wettbewerb für uns sehr ehrenvoll war, konnten wir natürlich unsere Teilnahme nicht absagen. Ich verabredete mit meinem Partner, einen schönen Entwurf aufzustellen und dass es uns nicht betroffen machen sollte, wenn die Jury den Plan nicht als JVA akzeptieren würde. Diese Einstellung wäre für jeden Wettbewerb eine gute Voraussetzung gewesen, denn sie macht die Gedanken frei von jeglichen Festlegungen.

Als Baugelände stand das 6,6 ha große Gelände einer ehemaligen Beton-Fertigteil-Fabrik auf dem Mittelberg bei Heimsheim zur Verfügung. Diese Fabrik hatte alle Baustellen im Umkreis von mindestens 100 km mit vorgefertigten Teilen beliefern sollen. Das war jedoch eine riesige Fehlinvestition gewesen, da die Entwicklung im Bauen anders verlief. Wir mussten die Fabrik abreißen, die Betonteile wurden zerkleinert und selbst der Baustahl konnte als Wertstoff zurückzugewonnen werden.

JVA Heimsheim Gesamtanlage 1990

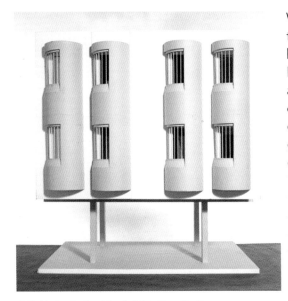

JVA Heimsheim Modell für Rundbalkone der Wettbewerbsarbeit 1978

Wir gaben einen sehr schönen Entwurf ab. Die Einzelunterkünfte hatten wir sogar mit bis dahin noch nicht vorgekommenen Rundbalkonen versehen.

Eines Abends besuchte mich überraschend unser Mitarbeiter Rolf Blanke mit einer Flasche Sekt. Er kam aus dem Büro und hatte den Anruf von Ministerialdirigent Fecker, einem Jury-Mitglied, mit der Mitteilung entgegengenommen, dass unsere Wettbewerbsarbeit gerade mit dem ersten Preis ausgezeichnet worden war. Georg war in diesem Moment nicht erreichbar, sodass wir ohne ihn mit Sekt anstoßen mussten. Wir erhielten den Auftrag für die Heimsheimer JVA, die insgesamt aus Unterkünften für 470 Gefangene mit Werkstätten, Betriebsgebäude, Verwaltung, Aufnahme, Fahrzeughalle, Gemeinschaftsräumen und Sporthalle bestand. Es begann eine zehn Jahre andauernde Arbeit, die 1990 mit der Übergabe beendet wurde. Der Wettbewerbsentwurf blieb trotz vielfältiger Veränderungen während des sieben Jahre dauernden Planungsprozesses im Wesentlichen erhalten. Die Realisierung wurde in dreieinhalb Jahren durchgeführt. Der streng gegliederte Gebäudekomplex, von Mauer und Wald umgeben, beachtet die umgebende Landschaft durch mäßige Höhenentwicklung. Dem Wunsch, innerhalb der Anstaltsmauern Bedingungen zu schaffen, die so weit wie möglich denjenigen in Freiheit entsprechen, dienten folgende Überlegungen: Zwischen den Gebäuden entstanden Freiräume, die entsprechend ihrer Nutzungsmöglichkeiten für Freigang, Sport und Spiel durch Wildrasen, Bäume, leichte Höhenunterschiede und künstlerische Beiträge abwechslungsreich gestaltet werden konnten. Durch inselähnliche Anhebung der Gebäude wurde erreicht, dass alle Gefangenen aus ihren Unterkünften einen Blick in die freie Landschaft erhielten. Durch Beachtung des menschlichen Maßstabs, durch Material und Farbe und Bildung unterschiedlicher Raumformen entstand eine Atmosphäre, die das Gefühl des Eingeschlossenseins mildern sollte.

In diesem Sinn wurde die Planung bis ins letzte Detail durchgearbeitet, um einen vernünftigen und wirtschaftlichen Ausgleich zwischen den teilweise gegensätzlichen Bestrebungen nach Sicherheit im Betrieb der Anstalt und den Forderungen eines modernen, humanen Strafvollzugs zu finden. Die

MENSCHEN HINTER GITTERN

Unterkünfte sind so geformt, dass ein Optimum an Bewegungsfläche für den einzelnen Gefangenen entsteht. Jede Unterkunft ist mit einem separaten Sanitärraum, der WC und Waschbecken enthält, ausgestattet. Die vorfabrizierten Sanitärzellen wurden bereits in den Rohbau fix und fertig eingebaut, was sich zeit- und kostensparend auswirkte. Die vertrauensvolle Zusammenarbeit aller an der Planung Beteiligten geschah aus der Überzeugung, dass die gebaute Umwelt die Menschen prägt, dass Architektur nicht aggressiv machen darf, sondern die guten Seiten im Menschen verstärken soll.

Am 6.10.1988 hielt ich auf Einladung des Justizministeriums einen Vortrag mit dem Titel »Menschen hinter Gittern«. Am Ende dieses Vortrags sprach ich über eine Begegnung mit der Pianistin Elly Ney, die oft für Gefangene gespielt und mütterlich zu ihnen gesprochen hat. Der lettischen Schriftstellerin Zenta Maurina hat sie die zahlreichen Gefangenenbriefe, die sie als Dank erhalten hat, übergeben. In dem Buch »Begegnungen mit Elly Ney« berichtet Maurina auch über den Inhalt dieser Briefe und zitiert Elly Ney, die behauptete, am nötigsten bräuchten die Verzweifelten die Musik. Ich meine, dass die Gefangenen nicht nur die Musik, sondern alle Künste – Architektur eingeschlossen – brauchen. Es war unser Wunsch, die Menschen durch unsere Architektur zu formen und dazu beizutragen, die Rückfallquote zu reduzieren. Dies wäre ein Erfolg für die betroffenen Menschen, aber auch für uns alle als Steuerzahler. Nach über zwei Jahrzehnten ist festzustellen, dass es der Anstaltsleitung gelungen ist, den positiven Geist in der Anstalt zu bewahren – insbesondere durch Einbeziehung der Künste.

links: JVA Heimsheim Die Mauer | rechts: Die Fenster der Unterkünfte gestatten Blick in die umgebende Landschaft

MENSCHEN HINTER GITTERN

oben: JVA Heimsheim Einzelunterkunft mit Sanitärzelle | unten: JVA Heimsheim Außenlager und Werkstattgebäude

Ich habe Spezialisten immer mit größter Vorsicht betrachtet und streng abgelehnt, dass unser Büro auf einem bestimmten Gebiet zum Spezialbüro für beispielsweise Wohnungsbau oder Schulbau wird. Nach dem Bau der JVA Heimsheim waren wir plötzlich Spezialisten für Vollzugsbauten. Auf Empfehlung unseres Justizministeriums wurden wir 1994 nach Brandenburg empfohlen. Wir erhielten den Auftrag für die Zielplanung der JVA in Brandenburg a. d. Havel. Die 1935 in Betrieb genommene Anstalt galt damals als das sicherste Gefängnis der Welt. Auch Erich Honecker und viele Männer nach dem Hitlerattentat waren hier eingesperrt. In den Gefängnisakten las ich, dass der älteste, mit dem Tod bestrafte Gefangene wegen Abhören von Feindsendern hingerichtet worden war. Er war 70 Jahre alt und unbescholten gewesen, aber es sollte ein Exempel statuiert werden.

Als ich die Anstalt erstmals besichtigte, war sie mit 700 Gefangenen belegt – teilweise schwere Jungs. Mit großem Erstaunen sah ich Frauen im Justizdienst und hatte den Eindruck, dass ihre Tätigkeit mäßigend auf die Gefangenen wirkte. Bei meiner Besichtigung stellte ich auch den Einsatz von scharfen Wachhunden fest und bestieg einen Wachturm. Hier stand ich nun einem Wächter gegenüber, der seine Kalaschnikow in der Ecke abgestellt hatte wie zu DDR-Zeiten. Wir schauten uns an und konnten ein Lachen nicht unterdrücken, denn ich war der erste Wessi im Schutzbereich des ehemaligen DDR-Gefängnisses. Die neue Bauverwaltung im Justizministerium erteilte uns weitere Bauaufgaben zum Bau eines Maßregelvollzugs und einer Freigänger-Anstalt.

Auf Einladung des Public Works Department Abu Dhabi entwarfen wir im Jahr 2000 im Rahmen eines Wettbewerbs das Projekt »Correctional and Punitive Buildings Complex at Suwaihan«. Insgesamt war eine kleine Stadt für 5000 Gefangene zu planen. Zum Vergleich: Sowohl in Deutschland als auch in den USA gibt es nur Anstalten für bis zu ca. 1000 Gefangene. Wir lieferten einen von uns vertretbaren Entwurf ab, der abgesehen von der Zahl der Gefangenen pro Unterkunft den Maßstab deutscher JVAs beachtete. Leider wurden wir nie offiziell über das Ergebnis des Wettbewerbs informiert und somit stand für die Zukunft fest, dass wir uns dort an einem Wettbewerb nicht mehr beteiligen würden.

Unser Interesse an arabischen Bauprojekten blieb allerdings nicht unentdeckt und so sandte die libysche Regierung eine hochkarätige Delegation nach Karlsruhe mit dem Auftrag, sich über unsere Auffassungen vom Gefängnisbau zu informieren. Wir erhielten die Genehmigung, für die Delegation eine Besichtigung der JVA Heimsheim durchzuführen. Die Herren zeigten sich hochinteressiert. Beim Abschlussvortrag des Anstaltsleiters und unserer Stellungnahme, gern für Libyen tätig zu werden – unter Beachtung unserer humanitären Überzeugung und unserer deutschen Baunormen – ließ man uns erkennen, wie beeindruckt man nach Hause fuhr. Die politische Veränderung führte allerdings dazu, dass die Verbindung beendet wurde.

Maßregelvollzugsanstalt in Brandenburg / Havel
Ansicht eines Unterkunftsgebäudes 1998

Unter Leitung meiner Tochter Susanne wurde unser Spezialistentum durch Umbau- und Erweiterungsmaßnahmen in Heimsheim und Bruchsal sowie dem Neubau eines Maßregelvollzugs in Sachsen fortgeführt.

Eine Studie zum Erhalt von Hallenbau A der IWKA

1991–92 arbeiteten wir im Auftrag der Stadt Karlsruhe und der LEG (Landesentwicklungsgesellschaft Baden-Württemberg) an Plänen für die Umnutzung und den Umbau des Hallenbaus A der IWKA (Industriewerke Karlsruhe–Augsburg) in Karlsruhe. Dieser Hallenbau war während des Ersten Weltkriegs nach Plänen des Architekten Philipp Jakob Manz aus Stuttgart gebaut worden.
Das Gebäude ist 312 m lang, 56,40 m breit und hat eine Gebäudehöhe von 24,80 m. Der gigantische Baukörper gliedert sich in zehn Abschnitte mit jeweils einem glasüberdachten Innenhof mit 18,00/32,40 m. Der Bau besitzt für die Zeit seiner Planung am Anfang des 20. Jahrhunderts eine sehr moderne, heute noch gültige Stahlbeton-Skelettkonstruktion mit Stützenabständen von 6,00/6,00 m. Hervorzuheben ist der gute Bauzustand. Sanierungsbedürftig waren nur Dächer und Fassaden, also alle der Witterung ausgesetzten Bauteile.
Die sinnvolle Umnutzung des Hallenbaus hatte eine Schlüsselfunktion für die Neuordnung des gesamten IWKA-Geländes inne. Unsere Planung belegte, dass es für Wohnungsnutzung auf der gesamten Fläche des Mansardgeschosses gute Voraussetzungen gab. Auch die Schaffung von Ateliers, Büros und Werkstätten zeigte sich als problemlos, während die Opferung von zwei Lichthöfen für eine Hochregalanlage für den Fundus des Badischen Staatstheaters zu keiner befriedigenden Lösung führte.
Noch während des laufenden Planungsprozesses entstand eine völlig neue Situation und Aufgabenstellung. Durch einen Wettbewerb für das ZKM (Zentrum für Kunst und Medien), den das Architekturbüro Rem Koolhaas (Rotterdam) gewonnen hatte, entstand die Planung für ein Gelände an der Nordseite des Karlsruher Bahnhofs. Wir waren an diesem Wettbewerb nicht beteiligt gewesen. Nachdem die darin veranschlagten Baukosten sich jedoch wesentlich erhöht hatten, sah Oberbürgermeister Seiler das Projekt in Gefahr. Wir wurden beauftragt, eine Studie anzufertigen, um das ZKM und die Hochschule für Gestaltung im Hallenbau A unterzubringen. Nachdem wir die Zusage hatten, dass mit den bisher beschäftigten Kollegen eine faire Abrechnung erfolgen würde, sagten wir zu, denn den Erhalt des Hallenbaus hielten wir für erstrebenswert.
Wir hatten für diese Arbeit nur vier Wochen Zeit.
Da wir uns bereits im Vorfeld mit der oben beschriebenen Umnutzung beschäftigt hatten, gelang es uns, die Studie termingerecht vorzulegen. Sie belegte, dass die Umnutzung des Hallenbaus A für das Zentrum für Kunst und Medientechnologie und die Hochschule für Gestaltung ein großzügiges, gut organisiertes Raumkonzept zu angemessenen Kosten bot. Damit eröffnete sich die Chance, das Denk-

mal sinnvoll zu nutzen und zu erhalten. Unsere Studie ergab eine echte Alternative, keine Ersatzlösung aus Kostengründen.

Über dieses Projekt wurde so leidenschaftlich diskutiert wie selten zuvor in der jüngeren Baugeschichte Karlsruhes. Fast täglich berichteten Zeitungen, Rundfunk und Fernsehen darüber. Die vielen guten Gründe, die für den Standort Hallenbau A sprachen, erklärte ich allen Fraktionen des Gemeinderats eingehend und höchstpersönlich. Auch die Öffentlichkeit informierte ich bei Veranstaltungen vor Ort. Im Juni 1992 votierte der Gemeinderat mit 42 zu 25 Stimmen für die Aufgabe des Standorts Hauptbahnhof.

Es erfolgte eine Mehrfachbeauftragung an die Architekturbüros Jourdan & Müller (Frankfurt), SKP und Prof. Schweger und Partner (Hamburg). Rem Koolhaas und Renzo Piano hatten abgesagt. Schweger und Partner erhielten schließlich den Auftrag.

Heute beinhaltet der Hallenbau das ZKM, die HfG, die Städtische Galerie und das Museum für Neue Kunst. Karlsruhe hat einen »Kunsttempel« erhalten, der inzwischen national und international Beachtung findet. Unsere Studie hat wesentlich dazu beigetragen, dass das Denkmal die passenden Inhalte gefunden hat.

Die Wohnhäuser

Zu unseren ersten Aufträgen gehörte auch die Planung von zwei Wohnhäusern. Das eine mit Arztpraxis in Daxlanden für Dr. med. Simchen (aw, 8/1966 und 1/1974) und das andere für Prof. Dr.-Ing. Hans Friedrich (aw, 1/1974 und e+p 28), dem ich freundschaftlich verbunden war. Zum ersten Mal hatten wir ein Wohnhaus für eine Veröffentlichung zu fotografieren. Die vorhandenen Möbel passten nicht sehr gut in ein modernes Gebäude, deshalb räumten wir alles aus und beschafften Eiermann-Möbel der Firma Burger.
Für das Haus Friedrich hatte ich einen sehr Eiermann betonten Entwurf mit den bekannten Umgängen und am Gestänge befestigten Sonnensegeln angefertigt. Es wäre erneut ein Gebäude geworden, das den Lehrer zu 100% erkennen ließ. Doch jetzt setzte sich der Protest der Jungen gegen den Meister durch und wir änderten die Fassade in voller Übereinstimmung. Die leichte, beschwingte Architektur wurde durch massive Betonbrüstungen entlang des Umgangs und den Fortfall der textilen Sonnensegels abgeändert. Ein Jahrzehnt später plante ich für Hans Friedrich ein weiteres Haus in Balg (Baden-Baden) und da wurde der Lehrer wieder sichtbar, denn ich plante ganz selbstverständlich eine Architektur mit Details, wie ich sie über die Jahre beim Meister verinnerlicht hatte.
1970 folgte ein weiterer Auftrag für das Wohnhaus des Ehepaars Sturm. Professor Dr. jur. Fritz Sturm hatte einen Ruf an die Universität Mainz für altrömisches Recht erhalten. Sehr schnell sollte dort ein Wohnhaus entstehen, das dem Juristenehepaar Raum zum Wohnen und Arbeiten bot. Hier versuchte ich erstmals, gleiche Bauelemente für die Häuser Sturm und Friedrich zu entwickeln, um Zeit und Geld zu sparen. Es entstanden insbesondere Fassadenelemente mit ausgefeilten Details für Heizung und Rollläden (beide Häuser in aw, 1/1994 und e+p 28).
Wohnhäuser bearbeitete ich überwiegend selbst, denn hier war der persönliche Kontakt ausschlaggebend für das Gelingen. 1978/79 plante ich mit Dr. med. Wolf und Hilde Michaelis ein Wohnhaus, für das ein Baugrundstück mit von Norden nach Westen abfallendem Hanggelände in schöner Höhenlage in Karlsruhe-Durlach zur Verfügung stand. Es entstand ein Haus nach sehr speziellem Raumprogramm für die Familie mit drei Kindern.
Die damalige Hochkonjunktur in der Baubranche bereitete Terminprobleme und das führte mich dazu, bei Hausübergabe in meiner Rede unter anderem folgende Gedanken zu erwähnen: »… und wieder ein Einfamilienhaus, eine Nullserie, und das im Zeitalter der industrialisierten Fertigung, wo alles möglichst nach Großserien abläuft. Warum eigentlich gegen den Strom schwimmen? Was außerordentlich

DIE WOHNHÄUSER

linke Seite: Haus Prof. Dr. jur. Sturm in Mainz 1971 | Haus Prof. Dr.-Ing. Friedrich in Baden-Baden Balg 1970 | Haus Prof. Dr.-Ing. Friedrich in Karlsruhe 1963
rechte Seite: Haus Prof. Dr.-Ing. Friedrich in Balg Fassadenausschnitt Umgang Straßenseite | Haus Dr. med. Simchen in Karlsruhe 1963

Haus Dr. med. Michaelis in Karlsruhe 1979

Haus Stoltz in Forchheim 1975

beschwerlich ist, wie man beim Bauen merkt. Um über den Sinn von Einfamilienhäusern ernsthaft zu diskutieren, ist im Moment die Zeit nicht vorhanden, aber der heutige Anlass sollte doch einige Gedanken offen aussprechen lassen. Ich stelle fest:

1. Wenn man die wirtschaftlichen Belastungen vergisst oder in der Lage ist, sie nicht zu spüren, ist es immer noch eine Freude, ein individuelles Haus, umgeben von Garten, mit Fernblick und großem Anteil am Himmel zu besitzen.
2. Für einen Architekten ist es immer noch die schönste Aufgabe, für Menschen, für eine Familie, ein Haus zu bauen, denn bei keiner anderen Aufgabe ist der Kontakt so direkt, der Erfolg (auch Misserfolg) so spürbar wie beim Bau eines Einfamilienhauses. Bei keiner Aufgabe ist die Verantwortung so groß, denn man kann auf lange Sicht glücklich oder unglücklich machen.
3. Einfamilienhäuser wie dieses, mit sehr individuellem Programm, das alle Wünsche erfüllt, werden seltener – auch wegen der Nullserie und den damit verbundenen Kosten.
4. Solche Häuser werden auch seltener, weil das Handwerk dafür nicht mehr ausgerichtet ist. Mein Lehrer, Prof. Eiermann, hat bereits 1951 auf einer Tagung des dwb vorausgesagt, dass das Werkzeug der Zukunft die Maschine ist. Wir sind auf dem Weg dahin.
5. Bei all diesen Überlegungen fragt es sich auch, ob wir nicht alle (oder fast alle) mit unseren Forderungen an ein Haus zu anspruchsvoll geworden sind.

Wenn man also auf der einen Seite auf die Freude am eigenen Haus, am Planen, sein eigener Herr auf eigenem Grund und Boden zu sein, nicht verzichten will, dann kann ich denen, die dieses Abenteuer in Zukunft wagen wollen, nur raten: Ganz einfach bauen, bescheiden und energiebewusst sein und

DIE WOHNHÄUSER

oben: Haus Federer-Grüner in Karlsruhe 1985
unten: Haus Federer-Grüner Treppenhaus

Konjunkturflauten abwarten, dann ist mit den Handwerkern in Ruhe zu reden. Es sollte alles nicht so fürchterlich eilig sein, damit man stets eher Herr der Lage bleibt. Die anwesenden Bauwilligen sollten sich nicht nur Appetit holen, sondern auch ein bisschen über die skizzierten Zusammenhänge nachdenken.«
Meine Rede wurde vollinhaltlich beim folgenden Wohnhaus des Ehepaars Stoltz in Forchheim beachtet.
Es war an einem Tag im Jahr 1984, da meldete sich das Ehepaar Dr. Grüner mit dem Wunsch, ein Gespräch mit mir zu führen. Das Ehepaar brachte eine Fotodokumentation von Wohnhäusern mit, die in den vergangenen Jahren entstanden waren. Unter den über 20 Beispielen gab es eine engere Wahl, aber noch keine Entscheidung. Ich war bereit, auch für meine Durlacher Häuser eine Besichtigung zu ermöglichen. Am darauffolgenden Sonntagmorgen trafen wir uns bei Familie Michaelis, die gerade im Garten am Frühstückstisch saß. Ich wurde mit meiner Begleitung sehr freundlich empfangen, denn ich hatte bisher kein Wohnhaus übergeben, das nicht zu einer Freundschaft mit den Besitzern geführt hatte. Wir durften uns im gesamten Haus frei bewegen und anschließend auch noch bei einer Tasse Kaffee mit den Besitzern diskutieren. Insgesamt ist es lobenswert, wenn eine zukünftige Bauherrschaft sich derart sorgfältig auf einen Neubau vorbereitet und es war für mich eine besondere Freude, dass mein Büro den Bauauftrag erhielt. Dem Auftrag ging meine Vorstellung beim Vater der Bauherrin voraus, einem ehemaligen Bundesverfassungsrichter, der wohl seinen Segen erteilen sollte.

Das Gebäude wurde auf einem Grundstück mit nach Nordwesten fallendem Gelände gebaut. Über das Raumprogramm der Bauherrin hinaus waren besondere Wünsche bezüglich der Einbeziehung der Landschaft, der Blickbeziehung zum Turmberg und zur Rheinebene sowie die Einplanung von zum Teil antiken Einrichtungsgegenständen zu beachten. Als Besonderheit sollte für das Gebäude ein richtiges »Treppenhaus« charakteristisch werden. Alles ist zur Zufriedenheit gelungen und eine weitere Freundschaft entstanden (db, 6/1987).
Eigentlich wollte ich keine weitere Bauaufgabe mehr allein übernehmen, da zeigte mir mein Freund Prof. Dr. med. Detlef Frohneberg ein wunderschönes Grundstück auf dem Guggelensberg in Karlsruhe-Durlach in landschaftlich schöner Lage, am Rand des Turmbergs und mit Blick auf die Rheinebene. In der Beschaffenheit des Baugrunds bestanden Probleme: Die nach Westen stark abfallende Hanglage wies einen Höhenunterschied von 9,50 m auf und ein vorhandener Hausgiebel war gemäß Bebauungsplan als Doppelhaushälfte zu betrachten. Ich versprach, hier könne ein Haus gebaut werden, und hatte in Detlef und Dr. med. Pia Bader eine neue Bauherrschaft gefunden. Die nicht einfache Entwurfsarbeit mit kritischer Begleitung meiner Tochter Susanne reizte mich und so entschloss ich mich, die Arbeit doch noch einmal selbst zu übernehmen, zumal ich Wohnhäuser, deren Auftraggeber zu mir kamen, immer auch selbst bearbeitet hatte.
Mehrere Bebauungsalternativen in Abstimmung mit dem Raumprogramm führten zur endgültigen Lösung. Der Hauptbau wurde vom vorhandenen Giebel abgesetzt und parallel gestellt. Zwei Gebäudeteile verbinden nun den vorhandenen Giebel mit dem Neubau mit dazwischen angeordnetem Patio. Das Haus wird in drei Ebenen organisiert. Nach einem zuvor durchgeführten Bodenaustausch – d.h., der schluffige Boden wurde im westlichen Bereich entfernt und durch kleingebrochenen Schluffstein vom Aushub des östlichen Bereichs ersetzt – schlug unser gemeinsamer Freund Dr.-Ing. Karlheinz Schweickert, der auch hier Bodenberater war, eine Bodenplatte als Fundament vor.
Bei der weiteren Ausführung des Hauses war nicht zu übersehen, dass sich inzwischen auch die Bauweise selbst kleinerer Bauvorhaben stark geändert hatte. Die Kellergeschosswände wurden aus Stahlbeton-Hohlwänden und die massiven Geschossdecken unter Verwendung von Filligranplatten hergestellt. Die Leerrohre für die Elektroinstallation sind in die Decken einbetoniert. Im Wohnbereich sind die Wände aus gebranntem Material gebaut. Die Fassade besteht aus Porotonmauerwerk mit Innen- und Außenverputz. Das Haus wird mit Pellets beheizt. Im Sommer wird das warme Wasser mittels Solarzellen bereitet. Das Regenwasser wird in einer Zisterne gesammelt und als Brauchwasser (WC-Spülung) verwendet. Der Nachweis entsprechend der Energie-Sparverordnung belegt zeitgerechtes Bauen.

DIE WOHNHÄUSER

Nach abgeschlossener Planung wurde das Haus in nur neun Monaten Bauzeit übergeben und belegt, dass individuelle Einfamilienhäuser auch heute noch mit den Mitteln unserer Zeit erstellt werden können. Dieser Nachweis war mir am Ende meiner beruflichen Laufbahn sehr wichtig.

rechts: Haus Dr. med. Bader / Prof. Dr. med. Frohneberg in Karlsruhe 2006
unten links: Untergeschoßwände sind vorfabrizierte Hohlwände | unten rechts: Deckenkonstruktion unter Anwendung von vorfabrizierten Filligranplatten

Ein Zweigbüro in Potsdam und neue Bauaufgaben in Karlsruhe

1995 von der Bauverwaltung des Landes Brandenburg eingeladen, mietete ich in Potsdam zunächst eine Etage eines Wohnhauses in der Nähe des ehemaligen UFA-Filmgeländes. Im Büro gab es ein Bad und einen kleinen Schlafraum, sodass ich nicht im Hotel wohnen musste. In der Nähe befanden sich ein Spar-Laden und eine Bäckerei, wo ich gern meine Einkäufe tätigte und auch schnell bekannt wurde. Erst später eröffnete der Kartoffel-Pub mit einer Speisekarte, die 30 Kartoffelgerichte offerierte. Morgens ging ich ab und zu in die alte UFA-Kantine, in der inzwischen wieder Poster mit Marlene Dietrich und Hans Albers aufgehängt waren. Die Atmosphäre war gut und ich erinnerte mich an Erzählungen von Eiermann, der in Babelsberg sein erstes Geld verdient hatte. Nun suchte ich das Haus Matthies in der Baldurstraße 6. Eine freundliche Dame gewährte mir Zutritt und ich war hoch erfreut, endlich eines der schönen Eiermann-Wohnhäuser im Original zu sehen. Schade, dass der Meister das nicht mehr erleben durfte.
In Beelitz-Heilstätten, Eiermanns letzter Kriegsbaustelle 1945, entdeckte ich Gebäude mit Fassaden in Prüss-Mauerwerk. Schnell erkannte ich die Hand des Meisters und an einem Vordach die V-Stützen, von denen ich bisher nicht wusste, wie sie an einen Bau der Ciba gekommen waren. Eiermann hatte von seinen Bauten, die in der späteren DDR lagen, sehr wenig erzählt. Lediglich große Fotos an den Wänden des Büros hatten uns damit bekannt gemacht. In meinem Zimmer hing ein Foto des schönen Industriebaus in Apolda, der inzwischen Stück für Stück renoviert wird.
Ich machte das Potsdamer Bauamt auf meine Entdeckung in Beelitz aufmerksam und man versprach mir, behutsam mit den Bauten Eiermanns umzugehen.
In Potsdam führten wir den Umbau des ehemaligen deutschen Zentralarchivs in das Hauptzollamt durch. Als ich erstmals vor dem Altbau stand, war mir sofort bewusst, dass es sich hier um einen NS-Bau handelte. Auf meine Nachfrage hin wurde mir das bestätigt, denn der Architekt war Prof. Werner March, der schon das Olympia Stadion in Berlin geplant hatte.
Für mein eigenes Umbauvorhaben hatte ich wenig Zeit. In Potsdamer Abendstunden zeichnete ich an einem Hausumbau, der für mich und meine Frau gerade in Dobel, im nördlichen Schwarzwald, durchgeführt wurde. Eigentlich hatte ich diesen Sechzigerjahre-Bau überhaupt nicht gewollt, doch ein großer, nicht ausgebauter Dachraum verführte mich nun dazu, den Giebel auf beiden Seiten zu öffnen und schöne Ateliers einzuplanen. Natürlich inklusive aller Probleme, die entstehen, wenn man selbst nicht präsent ist. Ich habe Eiermann immer bewundert, dass er beim eigenen Haus – genau wie an

allen seinen Baustellen – stets bereit war, auch permanent zu ändern. Er hatte angeblich Probleme mit dem Anstrich auf Mauerwerk gehabt und der von ihm als Lehrbeauftragter für Bauschäden an die TH geholte Raimund Probst wollte ihm einen Rat geben. Der Meister lehnte mit den Worten ab: »Junge, davon verstehste nichts. Ich mach das schon.«

Im Herbst 1996 besuchte mich Georg in meinem Wochenendhaus in Dobel. Ich sollte als Erster von seinem Entschluss erfahren, dass er am Jahresende aus dem gemeinsamen Büro ausscheiden will. Schon einige Zeit hatte auch ich bemerkt, dass er vergesslich geworden war. Das kam nicht unerwartet, bedeutete aber für mich, dass ich in Zukunft auf meinen in vielen Jahren wichtigsten Gesprächspartner verzichten musste. Oft war es so, dass Probleme bereits gelöst waren, während wir darüber sprachen. Gleicher Jahrgang, gleicher Lehrer, Freundschaft und Vertrauen waren ein festes Fundament. Schade, dass ihm durch die schreckliche Alzheimer Erkrankung nur noch wenige Jahre bis zu seinem Tod am 21. September 2005 geblieben waren. In unseren gemeinsamen Bauten wird auch an ihn stets erinnert.

Abschied von Georg Kasimir in einer Feierstunde mit Kollegen, Bauherren, Freunden und Mitarbeitern

Ein neuer, hochinteressanter Auftrag von UMEG Karlsruhe (Gesellschaft für Umweltmessungen und Umwelterhebungen) kam auf uns zu. Der Grundstückszuschnitt, der Zwang zu höchster Wirtschaftlichkeit und der Wunsch des Bauherrn nach einer ökologisch geprägten Bauweise führten zum realisierten Baukonzept. Zwei mit 6,50 m Abstand parallel gestellte Baukörper sowie die Überdachung und Verglasung der Stirnseiten prägen die Form des Gebäudes. Der Südtrakt beinhaltet die Büros und Sonderräume, der Nordtrakt die Labors und Werkstätten. Das Besondere ist die dreigeschossige Halle, die der Erschließung und Kommunikation dient. Brücken zwischen Nord- und Südtrakt verbinden wegsparend die Labors und die Büros. Wir hatten in der Person von Dr. Obländer erneut einen echten Bauherrn gefunden, der mit der Belegung seines Arbeitsraums am Innenhof demonstrativ jeder Diskussion bei dieser besonderen Lösung vorbeugte.

Verwaltungs- und Laborgebäude für
UMEG Karlsruhe 1997.
Eingangshalle

EIN ZWEIGBÜRO IN POTSDAM UND NEUE BAUAUFGABEN IN KARLSRUHE

Verwaltungs- und Laborgebäude für Dr.-Ing. Schweickert in Karlsruhe 1991

Mein Freund Dr.-Ing. Karl-Heinz Schweickert, der uns seit vielen Jahren für die Gründungen unserer Bauten beraten hatte, beabsichtigte den Neubau eines Laborgebäudes für sein Institut. Ich entwarf ihm einen Dreibund, der auf der einen Seite die Büros, auf der anderen Seite die Labors vorsah und im Mittelbund die Nebenräume und den Aufzug. Für diesen Entwurf zeichneten wir Baueingabe- und Werkpläne. Die Ausführung übernahm ein Generalunternehmer.

In den Neunzigerjahren befassten wir uns erneut mit größeren Wohnanlagen, auch für die Volkswohnung GmbH. Bei Dienstantritt des neuen Leiters der VOWO-Bauabteilung meldete sich dieser bei uns, um uns kennenzulernen, denn er konnte zunächst nicht glauben, dass die gelungene moderne Architektur an der Franz-Lust-Straße von seinem Unternehmen in Auftrag gegeben worden war. Darüber hatten wir Grund zur Freude. Sein Vorgänger kannte mich noch von der Hochschule und erinnerte sich an meine Vortragsreihe über Aufzugbau.

In der östlichen Kaiserstraße durften wir für einen Freund die letzte Baulücke schließen und bei dieser Gelegenheit ein Bauwerk eines Weinbrenner-Schülers restaurieren.

Mit einem vorgezogenen Bebauungsplan plante ich für den Sportpark Karlsruhe-Nordost eine Sporthalle, eine

Wohnanlage mit 2-gechossiger Tiefgarage für Volkswohnung in Karlsruhe 1996

rechts: Wohn- und Geschäftshaus Kaiserstr. 235-237 in Karlsruhe 1997 | oben: Wohnen im Hinterhaus

EIN ZWEIGBÜRO IN POTSDAM UND NEUE BAUAUFGABEN IN KARLSRUHE

Haus des Sports in Karlsruhe 1991

Sportschule und ein Haus des Sports für den Badischen Sportbund. Das Haus des Sports wurde als erstes Bauvorhaben auf dieser Grundlage errichtet. Nach anfänglichen Irritationen durch einen neu gewählten Präsidenten lief anschließend alles in vertrauensvoller Zusammenarbeit mit Schatzmeister Schnurr zu einem vorzeigbaren Ende. Als besonderen künstlerischen Beitrag, der wenig Kosten verursachte, ließen wir zum Schmuck des Treppenhauses Sportszenen in Großformat in Resopalplatten anfertigen.
Ein großer Auftrag für ein modernes Krankenhaus, bei dem mein Freund Prof. Dr. Detlef Frohneberg unser medizinischer Berater war, führte mich erstmals in die schöne Stadt Kiew. Der Entwurf sah einen Rundbau mit Patientenzimmern im äußeren Ring und Räumen für Ärzte und Schwestern im inneren Ring vor. Das medizinische Zentrum mit Operationsräumen war der von Tageslicht umgebene Mittelpunkt. Wir wurden von einem Minister betreut, der den Entwurf mit dem Arbeitstitel »UFO« dem Staatspräsidenten bei einem Mittagessen vorstellte. Die Planung lief unter großem Zeitdruck, denn in der Ukraine standen Präsidentenwahlen an. Meine Tochter Susanne, die inzwischen die Büroleitung übernommen hatte, nutzte die Zeit bis zum Empfang des Ministers in unserem Büro, um den Umzug vom schönen Altbau in der Leopoldstraße in einen von uns gebauten Neubau in der Steinhäuserstra-

ße zu organisieren. Hier kann man vom Besprechungsraum auf eine ansehnliche Reihe von Bauwerken, die SKP erstellt hat, schauen. Durch die Veränderung der politischen Verhältnisse in der Ukraine kam das »UFO«, von dem Prof. Frohneberg behauptete, es wäre eines der modernsten Krankenhäuser der Welt geworden, nicht zur Ausführung. Auch hier bewahrheitete es sich erneut, dass oft die besten Entwürfe im Papierkorb landen.

UFO-Krankenhaus in Kiew / Ukraine 2004 (Entwurf)

Meine Tätigkeit als Designer

Nicht immer gab es eine große Auswahl an Gebrauchs- und Einrichtungsgegenständen, weshalb Architekten diese Lücke bei Bedarf mit eigenen Entwürfen für Sonder- und Serienherstellung schlossen. Auch ich habe Möbel und Gebrauchsgegenstände entworfen und anfertigen lassen, so wie ich es bei meinem Lehrer Eiermann erlebt hatte. Diese Arbeit, die später Design genannt wurde, möchte ich mit einigen Beispielen belegen.

Bereits 1958 wurde bei Neudeck in Bruchsal eine Stehleuchte nach meinem Entwurf gefertigt. Unsere Schulneubauten erhielten modernes Schulgestühl von Wilde + Spieth bzw. Zschoke nach meinem Entwurf. 1968 entwarf ich einen Stahlrohrstuhl mit Stoffbespannung, den Neudeck herstellte. 1968 wurden Satztische von Wilde + Spieth gebaut. 1970 gelang mir die Herstellung einer der ersten Stehleuchten auf dem Markt mit Leuchtstoffröhren in drei Größen, die bei Neudeck hergestellt wurde. Schließlich beauftragte mich die Firma Wilde + Spieth mit der Entwicklung eines Bürodrehstuhls, der den Namen S2000 erhielt. Dieser Stuhl wurde auf der

Schulgestühl in der Johann-Peter-Hebel-Schule in Bruchsal 1967

Messe Hannover mit dem Prädikat »Gute Industrieform« ausgezeichnet. Die Zeitschrift Architektur & Wohnwelt berichtete 1973 darüber: »Der als Serienprodukt vorgesehene Stuhl sollte neben der Erfüllung funktionaler Anforderungen wie drehbar, wippend, stufenlos verstellbar, rollend und gleitend auch auswechselbare Sitzkissen mit Klettbandhaftung und nachträgliches Anschrauben von Armlehnen gestatten.«

links: Der Bürodrehstuhl auf der Hannover Messe 1973
unten links: Ideenskizze von Herbert Schmitt als Designer |
Mitte: Stehleuchten 1970 | rechts: Stehleuchte 1958

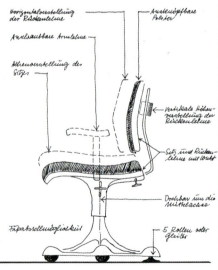
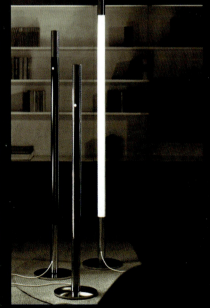

Ehrenämter

Schon bald nach meiner Selbständigkeit wurde ich zur Mitgliedschaft im BDA und im dwb berufen, wo ich Ehrenämter übernahm. Von 1969–77 war ich erster Vorsitzender der Kammergruppe Karlsruhe der Architektenkammer Baden-Württemberg; das war zunächst noch in der Zeit von Oberbürgermeister Günter Klotz, den ich drängte, er solle einen Planungsausschuss gründen, bis er mich eines Tages mit der Mitteilung anrief: »So, nun erhalten Sie Ihren Ausschuss!« Er lud mich zugleich auch als Mitglied für die erste Sitzung ein, die im Haus Solms stattfand. Erwartungsvoll ging ich zum Termin und war sehr überrascht, dass der Planungsausschuss mindestens 35 Mitglieder hatte. Hier spielten die wenigen Vertreter von Architektenkammer, BDA und Universität keine besondere Rolle. Es war wichtig geworden, permanenten Kontakt mit den Kollegen zu halten, die den Fraktionen als Architekten angehörten. Hier zeigte sich auch, wie viel bei einvernehmlicher Zusammenarbeit erreicht werden konnte. OB Klotz hatte die ehemalige Altstadt Haus für Haus für die Stadt erworben und abbrechen lassen. Das Ergebnis eines international ausgeschriebenen Architektenwettbewerbs sollte die neue Altstadt gestalten. Die ersten Preisträger bekamen Gelegenheit, ihre Arbeiten zu überarbeiten. Die Entwürfe München und Berlin standen zur Wahl. Ich konnte meine Kollegen Rainer Bucerius (Kreisgruppenvorsitzender BDA) und Erwin Sack (Mitglied der SPD-Fraktion) davon überzeugen, dass das Modell München der Architekten Hilmer & Sattler für Karlsruhe das Beste sei. Ich lud die Münchener Kollegen in das Büro der Architektenkammer zu einem Gespräch ein, um über Verbesserungen zu reden. Das Modell Berlin mit Zeilenbauweise hätte den Rest der ehemaligen Altstadt früher oder später auch noch zerstört. Harte Auseinandersetzungen waren durchzustehen. Schließlich schafften wir bei der Abstimmung im Ratssaal den Durchbruch für München.
Im Rahmen der Öffentlichkeitsarbeit veranstaltete ich 1970 im Ostflügel des Karlsruher Schlosses einen Abend mit dem Thema »Farbe in der Stadt«. 1970 war das Jahr des Umdenkens vom schnellen Massenbau wieder hin zu besserer Qualität und Rückbesinnung auf den Wert der Architektur. Ich ließ 5-Minuten-Vorträge von Prof. Franzsepp Würtenberger, Kunsthistoriker und mein ehemaliger Prof., von Dipl.-Ing. Ruhnau, Eiermann-Schüler und erfolgreicher Architekt, und von Herrn von Garnier, ein Künstler, der durch die Bemalung von Gaskesseln bekannt wurde, halten. Die anschließende Diskussion zeigte, dass die Zeit reif geworden war, wieder an die Verschönerung der Stadt zu denken. Bei der Nachsitzung in der Weinstube Rinderspacher saß mir der Kollege und Stadtrat Clemens Grimm und an seiner Seite Herr von Garnier gegenüber und nach dem zweiten Glas Wein hörte ich, wie Grimm

sagte: »Ich gehe morgen früh in mein Büro und sage zu meinen Mitarbeitern, dass ich alle rausschmeiße, wenn sie Architektur machen, die ›garniert‹ werden muss.«
OB Klotz vertraute mir und ich überzeugte ihn, dass der Stadteingang West aus einer unansehnlichen Insel mit dem Anker an der Spitze besteht. Ich hatte herausgefunden, dass die Stadt Karlsruhe in diesem Gebiet über 50% der Grundstücke besitzt und schlug Abbruch und Neugestaltung vor. OB Klotz gab mir mit den Worten »Ich mache mit!« die Hand. So unkompliziert war damals der Umgang, insbesondere mit ihm. Bürgermeister Paul-Hugo Jahn wurde Vorsitzender des Planungsausschusses und wurde vom Leiter des Stadtplanungsamts, Dr. Egon Martin, sehr unterstützt. Das historische Dreieck mit der Fläche zwischen den Strahlenstraßen wurde gegen Angriffe für höhere Bebauung streng verteidigt, was mich dazu führte, BM Jahn auf meine Dachterrasse einzuladen, um auf Fehlleistungen hinzuweisen. Ich deutete auf das Hochhaus der Badenwerk AG am Ettlinger Tor, das Hochhaus der Landesversicherungsanstalt in der Gartenstraße, auf den Versicherungsbau am Karlstor und auf die vorliegende Planung über der Kaiserpassage. Völlig überrascht verteidigte Jahn die Hochhäuser mit dem Argument, dass doch entlang der Kriegsstraße noch viele Hochhäuser entstehen sollen. Das ist glücklicherweise bis auf den Bau in der Gartenstraße nähe Reinhold-Frank-Straße nicht geschehen. Das Baugesuch für die Bebauung über der Kaiserpassage wurde im Planungsausschuss zwei Mal abgewiesen, bis Baudirektor Tietze einen dritten Versuch mit den Worten präsentierte, dass nun nichts mehr gegen die Bebauungsregeln verstoße.
Das Schwarzwaldhotel in der Nähe des Rüppurrer Schlosses wurde mit Bürgschaft der Stadt gebaut. Die Situation des Hotels forderten den Bürgschaftsgeber. Um den Schaden von der Stadt abzuwenden, wurde ein beschränkter Wettbewerb abgehalten, dessen Ergebnis dem Planungsausschuss vorgestellt wurde. Es folgte die traurigste Ausschusssitzung, die ich je erlebt hatte, denn überraschend hingen Entwürfe einiger Büros mit massiver Bebauung des Hotelgeländes an der Wand. Obwohl alles gegen ordentlichen Städtebau sprach, mussten wir eine Entscheidung treffen, um der Stadt zu helfen und der EWG als Bauträger die Möglichkeit zu verschaffen, etwas zu errichten, das eigentlich da nicht stehen dürfte. Das erinnerte mich an Wahlzeiten, in denen die parteilosen Architekten am besten zu Hause geblieben wären.
Ich unterbreitete der Stadt den Vorschlag, alle vier Jahre für ein besonders gelungenes Bauwerk die Weinbrenner-Plakette zu verleihen, und schrieb auch einen möglichen Text. Mein Vorschlag wurde realisiert und ich wirkte als Jurymitglied an der Auswahl der bei einem Künstlerwettbewerb vorgestellten Plaketten und Urkunden mit. SKP erhielt zweimal lobende Erwähnungen für den LBS-Bau und die Europahalle.

Im Ausschuss war ich immer auf der Seite derjenigen, die den Ausbau der Reinhold-Frank-Straße verhindern wollten. Die Teilung der Stadt in Nord und Süd, wie sie durch die »Berg- und Talbahn« bei der Kriegsstraße zustande gekommen war, sollte im Fall der Reinhold-Frank-Straße verhindert werden und nicht zur Teilung in Ost und West führen. Auf Druck der FDP-Fraktion ließ Gartenamtsleiter Mürb als Ersatz für die »planmäßig« kaputt gefahrenen alten Bäume nicht gerade eine große Auswahl an Bäumen in der Reinhold-Frank-Straße nachpflanzen. Es ist nicht zu vergessen, dass die ehemalige Westend-Allee mit schönen Bäumen, deren Kronen die Straße überdachten, gesäumt war.

In Vertretung des Bezirksvorsitzenden nahm ich oft an Sitzungen des Landesvorstands teil und als geborener Hesse verteidigte ich die badischen Angelegenheiten. Nach 18-jähriger Zugehörigkeit zum Planungsausschuss bat ich um meine Entpflichtung, da ich dieses Amt jeweils dem Vorsitz der Architektenkammer oder des BDA zuordnete. Ich hatte sogar Ärger mit OB Dullenkopf, der mit meiner Entpflichtung zögerte.

Auch als BDA-Kreisvorsitzender hatte ich Probleme mit unserem Stadtoberhaupt. Ich wollte die Verleihung der Hugo-Häring-Plaketten als kulturelle Veranstaltung gern im Gemeinderatssaal organisieren und erhielt von OB Dullenkopf eine Absage mit der Begründung, dass das nicht ginge, sonst kämen auch der Hasenzüchter-Verein und andere. Der Vergleich war für mich so abwegig, dass ich das Gespräch spontan beendete und in Oberbürgermeister Dr. Vetter einen vorzüglichen Gesprächspartner fand. Die Verleihung der Plakette erfolgte im Ettlinger Schloss und wurde sogar durch einen sehr guten Vortrag von Dr. Vetter bereichert.

Nach achtjährigem Vorsitz in der Architektenkammer stellte ich mich nicht mehr zur Wahl, weil ich nicht bereit war, am Sessel zu kleben. Die von mir organisierten Veranstaltungen hatten sich im Kollegenkreis, auch bei den BDA-Kollegen, herumgesprochen und man bat mich, für den Kreisvorsitz zu kandidieren. So wurde ich 1980 zum 1. Vorsitzenden der Kreisgruppe Karlsruhe gewählt und hatte dieses Amt fünf Jahre inne. Auch in dieser Funktion veranstaltete ich monatliche Treffen der Kollegen und engagierte mich darüber hinaus in der Öffentlichkeitsarbeit. Unvergessen sind die Pressegespräche mit dem architekturinteressierten Redakteur der BNN, Josef Werner.

Beim BDA war Wohnungsbau ein ganzes Jahr lang unser Thema. Wir informierten uns nicht nur in der BRD, sondern auch in der Schweiz, Frankreich und Holland. Es war unser Ziel, der Stadt eine exemplarische, moderne Wohnanlage, wie zum Beispiel die Werkbundhäuser, anzubieten. Wir waren bestens vorbereitet und trugen das Projekt unserem Kollegen Erwin Sack vor, der inzwischen Bürgermeister geworden war. Er hatte aber der Kammergruppe gerade ähnliche Pläne vorgestellt und vertröstete uns, wobei es letztendlich blieb.

Zu den Pflichten eines BDA-Vorsitzenden gehörte die Organisation von Studienreisen, die ich nach Prag, Wien, Paris, Florenz und Barcelona veranstaltete. Mit der Vorbereitung einer Studienreise, die die Altbausanierung in West- und Ostberlin zum Thema haben sollte, kam ich nicht voran, da Ostberlin meine Anfrage nicht beantwortete. Der Zufall half weiter. Bei einem Aufenthalt auf Schloss Elmau in Oberbayern war meine Tischnachbarin eine ältere Dame. Sie schaute mich mehrfach interessiert an und sagte schließlich, ich sei wohl Architekt. Obwohl das stimmte, war ich dennoch sehr über diese Feststellung erstaunt und wurde informiert, dass die Dame mit meiner Spezies aufgewachsen sei. Ihr Bruder Hermann Henselmann habe das Haus stets voller junger Architekten gehabt. Nun war Professor Hermann Henselmann in Sachen Architektur lange die rechte Hand von Erich Honecker gewesen. Die Dame lebte in Frankfurt am Main, hatte aber Kontakt zu ihrem Bruder und gab mir seine Telefonnummer. Zurück in Karlsruhe versuchte ich mein Glück und rief Henselmann an. Ich sagte schöne Grüße von seiner Schwester und hörte am Ende der Leitung einen Seufzer mit den Worten: »Sie wollen wohl eine Fremdenführung!« Spätestens als ich mich als Eiermann-Schüler zu erkennen gab, kam es zu einem mindestens halbstündigen Gespräch. Bei der Verabschiedung fragte ich nochmals, was ich denn nun in Bezug auf die geplante Studienreise unternehmen müsste. Da kam prompt die Auskunft, dass ich mich an den Bund der DDR-Architekten in Ostberlin wenden solle und in einem Nebensatz: »Sie können mir ja eine Kopie schicken.«
Nun erhielten wir Nachricht von Ostberlin und starteten Anfang der Achtzigerjahre Richtung West- und Ostberlin. Unser Bus hielt – belegt mit 60 Kollegen – am Zonenübergang. Ein typischer Ostführer stieg zu uns in den Bus und ich ließ ihn wissen, dass wir einen Architekten erwarten und keinen politischen Führer. Er versuchte mich zu trösten und versprach, dass wir zwar am Russischen Ehrenmal halten müssten, den Bus aber nicht zu verlassen brauchten. Unsere Fahrt ginge weiter ins Restaurant Budapest und da würde der, den wir erwarten zu uns stoßen.
Während des Mittagessens betrat ein Gast das Lokal, der genauso gekleidet war wie wir und nach Architekt aussah. Es war der erwartete Kollege, der im Ministerium der zweite Mann in der Stadtplanung Ostberlins war. In einem kollegialen Gespräch erfuhren wir von seinen Problemen, dass er wegen des großen Bevölkerungszuwachses in der Hauptstadt der DDR jährlich immer mehr Wohnungen zu immer geringeren Kosten erstellen müsse. Es sei für uns uninteressant, diese Plattenbauten zu besichtigen. Altbausanierung könne er noch nicht durchführen, weil hierzu die Handwerker fehlten, die zurzeit in Ausbildung seien. Bisher seien Schreiner, Gipser, Dachdecker usw. nicht vordringlich gewesen. Er schlug uns vor, das größte Hallenbad (erbaut von Hoch-Tief BRD) und die restaurierten Schinkelbauten zu besichtigen. Das war eine interessante Ost-West Begegnung, die zumindest zeig-

te, dass wenigstens Architekten miteinander reden können. Die Wende war zu diesem Zeitpunkt noch überhaupt nicht denkbar.

In der Kreisgruppe habe ich als Erster die Diskussion über unsere eigenen Werke zustande gebracht. Mit Hilfe meiner Tochter, die längere Zeit bei einem Eiermann-Schüler in Barcelona gearbeitet hatte, war besonders die Studienreise nach Barcelona ein Erfolg. Susanne machte uns mit den namhaften Kollegen bekannt. Wir wurden vom Präsidenten der Architektenkammer von Katalonien empfangen und Prof. Basegota führte uns zu wichtigen Gaudi-Bauten und sogar in ein Frauenkloster. Eine Nonne, die vor 30 Jahren aus Berlin in dieses Kloster gekommen war, führte uns dort herum und ich durfte sogar ihre Tageszelle besichtigen, wo sie dem Professor auf einer alten Adler-Schreibmaschine Übersetzungen ins Deutsche schrieb. Diese Bekanntschaften waren äußerst wichtig für die Veranstaltung der Europäischen Kulturtage, denn so gelang es Susanne, die besten Architekten aus Barcelona nach Karlsruhe zu holen. Nach dem Vortrag von Ricardo Bofill gab es im Kaiserhof eine Nachsitzung, bei der ich die deutsch-spanische Freundschaft betonte. Bofill antwortete mir, dass das alles sehr schön sei und ob wir darüber hinaus nicht auch ins Geschäft kommen könnten.

Unvergessen ist auch eine Führung von Kollege Sattler, der inzwischen das Modell München in Karlsruhe umgesetzt hatte. Er machte darauf aufmerksam, dass sich die Kolleginnen beim Begehen des Stadtteils »Dörfle« vor allem in der Brunnenstraße, wo sich bekanntlich einige Rotlicht-Etablissements befinden, etwas im Hintergrund halten sollten. Es kam, wie es kommen musste. Bei Betreten des Dörfles waren alle Kolleginnen aus besonderer Neugierde in der ersten Reihe und prompt wurden wir von den bereitstehenden Damen angegiftet, dass wir bei unserem Betriebsausflug unsere Schnallen besser zu Hause gelassen hätten.

Ganz selbstverständlich forderte ich als Vorsitzender der Architektenkammergruppe sofort nach Eiermanns Tod die Benennung einer Straße mit seinem Namen bei der Stadt. Als späterer BDA-Kreisvorsitzender erneuerte ich diese Forderung und noch später erinnerte ich OB Fenrich daran. Herr Fenrich bemühte sich sehr und antwortete mir, mein Vorschlag, die Straße am Forum des Universitätsgeländes umzubenennen – dort, wo auch Eiermanns Versuchskraftwerk steht – sei von der Universität mit der Begründung abgelehnt worden, dass es bereits einen Hörsaal mit Eiermanns Namen gibt, die Stadt würde sich jedoch weiter bemühen. Eines Tages konnte ich dann der BNN entnehmen, dass es nun eine Eiermannallee gibt.

Zur Berufung als Preisrichter bei Architekten-Wettbewerben drängte es mich nicht, denn für mich war die Mitwirkung in einer Jury stets eine hohe Belastung. Wohlwissend wie viel Arbeit in jedem Entwurf steckt und wie hoch die finanzielle Belastung ist, fielen mir die erforderlichen Entscheidungen schwer.

Bei der Beurteilung der Entwürfe für ein Schulzentrum in Rheinhausen war ich erstmals Mitglied in einer Jury und ich wurde auch gleich zum Vorsitzenden gewählt. In der Jury für die Stadthalle Neureut, in der ich auch den Vorsitz führte, blieb mir die starke Seite des Auslobers in Erinnerung, besonders in der Person des ehemaligen Bürgermeisters Meinzer. Als die Reihenfolge für die Preise und Ankäufe feststand, ließ ich alle Modelle in dieser Reihenfolge nebeneinander aufstellen und bat die Fachpreisrichter für 15 Minuten vor die Tür. Die Sachpreisrichter sollten die Möglichkeit haben, das Ergebnis allein zu überprüfen. Es war mir stets sehr wichtig, dass die Sachpreisrichter in voller Übereinstimmung mit den Fachpreisrichtern standen, denn sie mussten das Ergebnis später im Gemeinderat verteidigen. Beim genannten Wettbewerb bestand volle Einigkeit über den ersten Preis. Diskussionen gab es beim zweiten Preis. Einmal ließ ich in Übereinstimmung mit der gesamten Jury ein namhaftes Büro im ersten Rundgang wegen eines groben Fehlers ausscheiden, was mir sehr übel genommen wurde. Wo es mir möglich war, habe ich den Vorsitz auch dazu genutzt, die Presse sofort nach der Entscheidung anzurufen; außerdem blieb ich vor Ort, um das Ergebnis am nächsten Abend dem betreffenden Gemeinderat zu vermitteln und dafür zu sorgen, dass der erste Preisträger den Auftrag erhielt.

Die von mir geführte Kreisgruppe wurde im Landesrat als beispielhaft bezeichnet und ich wurde für den Landesvorsitz vorgeschlagen. Nie hatte ich mich über Karlsruhe hinaus für ein Ehrenamt zur Verfügung gestellt und ich wollte es dabei belassen. Gemeinsam mit meinem Kollegen Georg Kasimir überlegte ich sehr schnell eine Alternative und wir erfragten auch gleich die Bereitschaft des entsprechenden Kollegen. Unser Vorschlag hatte Erfolg und Prof. Erich Rossmann (Karlsruhe) wurde Landesvorsitzender.

Weiterbildung durch Sachverständigentätigkeit

Meine Bestellung als vereidigter Sachverständiger der IHK Karlsruhe für Hochbau und Schäden im Hochbau war Anlass für meine permanente Weiterbildung. Die Rechtsanwälte brachten mir sehr schnell bei, wo meine Grenzen sind, denn gern wollte ich Prozesse vermeiden. Es gab viele interessante aber auch ärgerliche Ortstermine. Bei einem Ortstermin, an dem ich allein an einer Wohnungstür stand, wurde mir erst nach mehrfachem Klingeln die Tür geöffnet. Ein Schwall von Fichtennadel kam mir aus dem Bad entgegen, das die Mieterin wohl gerade verlassen hatte. Der rechtsschutzversicherte Kläger behauptete, ein Hase habe Leitungen durchbissen und es würde überall nach Hasenurin riechen. Die Beanstandungen konnte ich nicht feststellen und ich wollte kein Gutachten erstatten, doch die Richterin bestand darauf, ich solle wenigstens meinen Zeitaufwand berechnen. Bei einem Ortstermin in Freiburg traf man sich in einem Hof. Der Beklagte fehlte noch und erschien plötzlich mit dem Kopf über der Hofmauer. Er war nicht dazu zu bewegen, das Grundstück des Klägers, eines ehemaligen Freundes, zu betreten. Obwohl keine Anwälte anwesend waren, gelang es mir schließlich doch, die Kampfhähne an einen Tisch zu bekommen und die Sache zu beenden.
Schwerwiegender waren Besichtigungen, die einen Abbruch oder eine Stilllegung zur Folge hatten oder die Feststellung, was ein Wiederaufbau kostet, der notwendig wurde, weil ein Alkoholisierter mit seinem PKW in ein Haus gerast war. Besonders groß war meine Freude, wenn meine Gutachten bei den verschiedenen Landgerichten und auch beim Oberlandesgericht zum Erfolg führten.
Mit meinem 65. Geburtstag gab ich meine Bestellung an die IHK zurück, denn ich hatte festgestellt, dass die Arbeit als Sachverständiger auf Dauer nebenberuflich nicht zu leisten ist. Zukünftig wollte ich mir den Schreck ersparen, dass mich am Morgen im Büro ein Paket mit umfangreichen Akten von einem Gericht erwartete, zumal es nicht leicht möglich ist, die Akten wegen Befangenheit zurückzugeben.
Lange nach meiner Entpflichtung trat die Architektenkammer mit der besonderen Bitte zur Erstattung eines Gutachtens in einer sehr umfangreichen Sache zwischen Bauträger und Architekten an mich heran. Dem Bezirksvorsitzenden, meinem Freund Rudolf Kleine, konnte ich keine Absage erteilen, zumal eine Reihe namhafter Kollegen im gesamten Land bereits mit vielen Begründungen abgesagt hatten. Noch einmal übernahm ich also ein umfangreiches Gutachten, wofür ein großer Karton mit mindestens zehn gefüllten Aktenordnern zu meiner Verfügung stand. Nach wochenlanger Arbeit erstattete ich mein Gutachten und wurde zur Erläuterung nach Nürnberg vor das Gericht geladen. Nach meinem Vortrag stellte der Vorsitzende die Frage, ob noch jemand das Wort wünsche. Meine Darstellung war so überzeugend, dass weder Gericht noch die Anwälte weitere Fragen hatten und die Architekten durch mein Gutachten als Kläger zu ihrem Recht kamen.

Lehrauftrag an der Hochschule für Technik Karlsruhe

Von 1983–2000 war ich Lehrbeauftragter für Entwerfen an der Hochschule für Technik in Karlsruhe. In der Erinnerung an die Lehrweise meines Lehrers Egon Eiermann machte ich in jedem Semester eine praktische Bauaufgabe, die mich gerade beschäftigte, zum Thema. In Einführungsvorlesungen betonte ich auch das besondere Verhältnis zu Ingenieuren, denn ich hatte vom Meister gelernt, dass Ingenieure für wichtige Teilgebiete, der Architekt aber für das Ganze verantwortlich ist. Wenn ich die vielen Spezialisten aufzählte, die bei einem großen Projekt beteiligt sein können, dann kam oft die Frage: »Und was macht eigentlich der Architekt als Spezialist?« Hier war es sehr wichtig, den heranwachsenden jungen Architekten einzuprägen, dass Architekten die Anwälte der Menschen sind, für die Wohnungen, Arbeitsplätze, Sportstätten usw. geplant und gebaut werden. Die Architekten haben bei der Planung stets den Menschen als Maß aller Dinge voranzustellen. Als Generalisten müssen wir jedoch die Sprache der Spezialisten verstehen, auch wenn wir sie selbst nicht sprechen können.
Die Entwurfslehre von Neubert beruht darauf, dass alles vermessen wird. Ich forderte die Studenten auf, einen Zollstock zu nehmen und wichtige Maße selbst zu nehmen. Auf diese Weise bleiben die Maßergebnisse für den permanenten Gebrauch eher im Gedächtnis.
Das Einfamilienhaus bezeichnete ich als eine der wichtigsten Planungsaufgaben für Architekten. Im Gegensatz zum Bauingenieur, dessen Auftrag mit dem Spannungsnachweis oder der Überprüfung durch den Prüfingenieur abgeschlossen ist, verhält sich dies beim Architekten vollkommen anders. Hier ist die Aufgabe erst dann zufriedenstellend gelungen, wenn die Bauherrschaft sehr schnell feststellt, dass alles funktioniert und man sich im neuen Haus wohlfühlt. Der bekannte Satz, dass man dieses und jenes, falls man erneut baut, ganz anders machen würde, darf bei guter Planung nicht ausgesprochen werden. Ein Haus ist gelungen, wenn es seine Bewohner zufrieden, ja glücklich macht. Die sehr intime Zusammenarbeit beim Hausbau erzeugt im besten Fall eine lebenslange Freundschaft.
Weiter habe ich zu vermitteln versucht, dass der Architekt nicht nur seinem Auftraggeber, sondern auch der Öffentlichkeit gegenüber Verantwortung trägt. So wie ich es meinen Auftraggebern gegenüber stets betone, so vermittelte ich auch den Studenten, dass unsere Kunst die Schaffung von ausgewogenen, guten Proportionen ist.
Als Teilnehmer eines Ausschusses, den das Kultusministerium gebildet hatte, setzte ich mich erfolgreich für die Gestaltung der Praxissemester ein und stellte im eigenen Büro stets mehrere Arbeitsplätze dafür zur Verfügung. Im Umgang mit Studenten an der Hochschule und im Büro lernte ich selbst sehr viel, denn gestellte Fragen erwarteten stets eine Antwort, auch wenn man sich zunächst erst selbst damit befassen musste.

Nachwort

Über ein Jahr habe ich an einem Buch über das Gesamtwerk der Architekten SKP gearbeitet. Brigitte Eiermann hat mich darauf aufmerksam gemacht, dass ich wegen der Kosten auf den Umfang des Buches achten müsse. Wie Recht sie hatte, stellte sich bei der ersten Kalkulation heraus. Das Buch wäre trotz Interesses nie gedruckt worden. Nun habe ich mich auf mein Architektenleben beschränkt, das insbesondere von meinem besonderen Lehrer Egon Eiermann geprägt wurde. Die im vorliegenden Buch erwähnten Projekte und Bauten sind also nur ein Teil des Gesamtwerks der Architekten Schmitt, Kasimir und Partner. Eine klare Trennung ist hier nicht möglich. Architektur entsteht in Teamarbeit, deshalb sind am Erfolg neben den Partnern stets auch alle Mitarbeiterinnen und Mitarbeiter beteiligt. Nach einem halben Jahrhundert dokumentieren unsere Bauten, dass die vorherrschenden Baumaterialien des 20. Jahrhunderts unverändert Beton, Stahl und Stahlbeton geblieben sind. Zusammen mit den Textbeiträgen aus Vorträgen und Reden bilden sie ein Stück Zeitgeschichte. Unsere Vorstellung nach dem Zweiten Weltkrieg, dass die Herstellung von Bauten ähnlich wie in der industriellen Produktion erfolgen sollte, also wetterunabhängig und unter Verwendung von vorgefertigten Bauteilen, ist so nicht eingetreten. Die Bemühungen, Stahlbetonfertigteile zum Einsatz zu bringen, von denen wir uns größere Präzision und weniger Bautoleranzen versprachen, waren in vielen Bauten erfolgreich, bleiben aber nur Teillösungen. Die ökologisch-technisch geprägte Welt schaffte neue Ordnungen, die zu neuen Formen führte.
Die Fragen des jeweils richtigen Materials und der der jeweiligen Aufgabe angemessenen, richtigen Konstruktion müssen dem Gebot der Wirtschaftlichkeit entsprechen. Bereits in den Achtzigerjahren brachen wir eine große, stillgelegte Fertigteilfabrik ab, die unter falschen Voraussetzungen errichtet worden war. Es war Teil unseres Erfolgs, dass wir bei unserer Arbeit neben Konstruktion, Funktion und Gestalt schon früh die Faktoren Zeit und Geld gleichberechtigt beachtet haben. Schnell erkannten wir, dass sich das Verhältnis von hohen Materialkosten und niedrigen Arbeitskosten innerhalb von rund zehn Jahren in niedrige Materialkosten und hohe Arbeitskosten umkehrte. Die Fünfzigerjahre waren geprägt vom »wieder ein Dach über dem Kopf haben« und die Sechzigerjahre durch den enormen Aufschwung mit dem Primat der Quantität vor Qualität. Ende der Sechzigerjahre erfolgte die große Rückbesinnung. Standen in Gesprächen mit Bauherren bis dahin fast nur Kosten und Termine im Vordergrund, so durfte seit 1970 wieder über Architektur diskutiert werden. Genau ab diesem Zeitpunkt entstanden auch die Architekturmoden, die sich etwa alle zehn Jahre ablösten. Wir haben uns keiner

dieser Moden angeschlossen. Geblieben ist die Neugierde auf neue Lösungen für die jeweils gestellte Aufgabe und die Liebe zum permanent weiterentwickelten Detail.
Anhaltenden Einfluss haben Energieeinsparung und Ökologie. Der schnelle Wandel in allen Bereichen des Bauens ließ uns erkennen, dass Entstandenes nicht mehr für die Ewigkeit war. Aus diesem Grund sind wir seit Jahren bemüht, den Bestand der Bauten durch Variabilität im Innenausbau zeitlich zu verlängern (z.B. Gymnasium Philippsburg, erste Schule in Deutschland mit demontablem Ausbau).
Unserem Grundsatz sind wir treu geblieben: So viel Technik wie nötig und so wenig wie möglich. Das ist keineswegs eine Verteufelung der Technik, sondern eine Frage der Ökonomie, ja der Menschlichkeit. Architekten sind keine Ingenieure, die im großen Team der Planenden wichtige Beiträge in Einzelbereichen erbringen. Für uns war es stets von besonderer Bedeutung, die Bedürfnisse der Menschen zu vertreten und das Ganze im Auge zu behalten. Architekten sind die Anwälte der Menschen, für die Wohnungen, Arbeitsplätze, Sportstätten usw. geplant und gebaut werden. Für uns war stets der Mensch das Maß aller Dinge. Alles, was ich in der zehnjährigen Nähe zu Egon Eiermann verinnerlichte, hat mich mein Architektenleben lang begleitet und geführt. Es ist mir ein großes Bedürfnis, auch an dieser Stelle mit dem Dank an meinen verehrten Lehrer zu enden.

Dank an Partner und Mitarbeiter

An erster Stelle danke ich meinem Freund und Partner Georg Kasimir, mit dem ich das Architekturbüro Schmitt und Kasimir ab 1.10.1960 gemeinsam geführt habe. Erst bei Verträgen mit weiteren Partnern wurde bemerkt, dass es bis dahin nur einen Handschlag unter Freunden gegeben hatte. Georg Kasimir musste die Partnerschaft leider aus gesundheitlichen Gründen am 31.12.1996 beenden.
Partner bei Schmitt, Kasimir und Partner wurden von
1982–85 Rolf Blanke. Sein früher Tod ist im Text erwähnt.
1985–96 Sepp Eckert
Ab 1989 Susanne Schmitt
1992–2001 Jörg Völzer
1995–98 Frank Groger
Das Büro wird ab 2001 von Susanne Schmitt geführt. SKP beschäftigte über die Jahre hinweg über 350 Mitarbeiterinnen und Mitarbeiter. Ich kann an dieser Stelle nicht alle namentlich nennen, zumal der Bericht über mein Architektenleben nicht das Gesamtwerk umfasst. Stellvertretend nenne ich hier die Mitarbeiterinnen und Mitarbeiter, die leitende Funktionen hatten, in alphabetischer Reihenfolge: Gisela Benoit, Gerhard Dunkase, Klaus Dezenter, Detlef Dix, Martin Daub, Andreas Eiermann, Peter Eisemann, Horst Emmeluth, Hans-Georg Freitag, Klaus Fehrenbach, Gerd Gassmann, Petra Kapferer, Fritz Kutschera, Andreas Lumpp, Wolf-Walter Ludwig, Cornelia Lindenberg, Axel Modersohn, Monika Mohr-Neumeister, Adam Mayer, Peter Poike, Gerd Peter, Karl-Heinz Reisert, Alexander Reith, Martina Schmalor, Astrid Stüber, Ully Schlenker, Ulrich Teichert, Irady-Elahi Vaziri, Wolfgang Vogel, Michael Weindel, Steffen Wipfler.

Vita Herbert Schmitt

1927	In Frankfurt am Main geboren
1945	Baupraktikant in der Baufirma V. Müller Frankfurt
1946–1948	Durch bestandene Ausleseprüfung Studium am Polytechnikum Friedberg
1949	Technischer Mitarbeiter der Baufirma Robert Kögel Frankfurt
1950–1960	Mitarbeiter im Architekturbüro Prof. Eiermann + Hilgers Karlsruhe
	Hochschulstudium an der TH Karlsruhe
	Diplom bei Prof. Egon Eiermann
1960	Gründung des Architekturbüros Herbert Schmitt und Georg Kasimir
1969	Herbert Schmitt und Georg Kasimir werden als Mitglieder in den BDA berufen
1969–1985	Mitglied des Planungsausschusses der Stadt Karlsruhe
1968–1977	Vorsitzender der Kammergruppe Karlsruhe
1973–1992	Öffentlich bestellter und vereidigter Sachverständiger für Hochbau und Bauschäden der IHK Mittlerer Oberrhein
1980–1984	Vorstandsvorsitzender der GENTA (Genossenschaft für Entwicklung und Anwendung von Arbeitsmitteln für Architekten)
1980–1985	Vorsitzender der BDA-Kreisgruppe Karlsruhe
1982	Umbenennung des Büros in Schmitt, Kasimir und Partner (SKP)
1984–1999	Lehrbeauftragter für Entwerfen an der Hochschule Karlsruhe – Technik und Wirtschaft
2000–2008	Mitglied des Kuratoriums der Hochschule Karlsruhe – Technik und Wirtschaft